MASCHA KAUKA

GEMÜSE

130 Lieblingsrezepte

Weltbild

Impressum

Konzeption, Redaktion und Rezepte:
Mascha Kauka, Moosburg

Ingeborg Pils
Dipl. oec. troph. Andrea Brenner

Umschlaggestaltung und Layout:
H.S. Medien GmbH, Helma Strobel, Starnberg

Lithoarbeiten:
Kaltner Media GmbH, Bobingen

Druck und Bindearbeit:
Druckerei Appl, Wemding

Printed in Germany

ISBN 3-89604-274-2

MASCHA KAUKA

Weltbild

Inhaltsverzeichnis

Kartoffeln, Gemüse und Hülsenfrüchte – einfach Spitze

Zur wichtigsten Lebensmittelgruppe gehören Kartoffeln. Gemüse und Hülsenfrüchte folgen auf Platz 2. Das Schönste dabei ist, dass etwas so Gesundes auch gut schmeckt.

Checkliste für gesunde Ernährung

Die richtige Wahl der Lebensmittel erleichtert uns der Ernährungskreis. Er ordnet die Grundnahrungsmittel in 7 Gruppen:

1. Getreide, Getreideprodukte und Kartoffeln
2. Gemüse und Hülsenfrüchte
3. Obst
4. Getränke
5. Milch und Milchprodukte
6. Fisch, Fleisch und Eier
7. Fette und Öle

Jede Gruppe liefert uns lebensnotwendige Stoffe wie Eiweiß, Fett, Kohlenhydrate, Vitamine, Mineralstoffe, Spurenelemente, Ballaststoffe und Wasser in ganz unterschiedlichen Mengen.

Der Ernährungskreis zeigt, wie wir diese 7 Gruppen in unserem täglichen Speiseplan optimal kombinieren. Er stellt die Nahrungsmittel und deren Mengenverteilung für einen ganzen Tag dar.

Wenn Sie also pro Tag aus jedem Segment ein Lebensmittel verzehren und dabei die Mengenanteile beachten, ernähren Sie sich ausgewogen.

Die Knolle, die es in sich hat

Wie das Getreide wurde auch die Kartoffel mit aufkommendem Wohlstand von unserem Speiseplan verdrängt. Hinzu kommt, dass weniger frische Kartoffeln und stattdessen mehr verarbeitete Produkte wie Pommes frites, Chips und Ähnliches gegessen werden. Solche Produkte haben wahrscheinlich auch den schlechten Ruf der Kartoffel als Dickmacher geprägt.

Dick macht hier aber nicht die Kartoffel, sondern die Zutat Fett. Verarbeiten wir Kartoffeln frisch, bieten sich vielfältige Zubereitungsmöglichkeiten und Geschmacksvarianten auch für den verwöhnten Gaumen. Zudem verfügt die tolle Knolle über ein umfangreiches Depot an lebenswichtigen Inhaltsstoffen. Besonders erwähnenswert sind der hohe Vitamin-C-Gehalt der Erdäpfel (200 g decken etwa unseren Tagesbedarf) sowie ihre hohe Eiweißqualität. In Kombination mit Milch, Milcherzeugnissen oder Ei ist ein Kartoffelgericht eine gute Alternative zu Fleisch. Mit 70 kcal pro 100 g ist die Kartoffel außerdem noch sehr kalorienarm.

Gemüse und Hülsenfrüchte

Alle aus dieser bunten Familie sind gut für uns. Grund ist der hohe Gehalt an Vitaminen, Mineralstoffen und Ballaststoffen. Im Allgemeinen ist der Energiegehalt der verschiedenen Gemüsearten relativ niedrig, denn 75 bis 95 Prozent des essbaren Anteils bestehen aus Wasser.

– so bunt und gesund

Gesund ernähren Sie sich, wenn Sie täglich Lebensmittel aus jedem Segment verzehren. Folgende Mengenverteilung ist wünschenswert: 28 % Getreide, Getreideprodukte und Kartoffeln, 22 % Gemüse und Hülsenfrüchte, 12 % Obst, 12 % Getränke, 11 % Milch und Milchprodukte, 10 % Fisch, Fleisch und Eier, 5 % Fette und Öle.

Gemüse dekorativ schneiden

Freilich schmecken Kartoffeln und Gemüse auch, wenn man sie vor dem Garen einfach irgendwie zerkleinert. Aber schließlich isst das Auge mit, und deshalb machen sich gute Restaurants die Mühe, Beilagen kunstvoll in Form zu schneiden oder zu stechen. Außerdem sind alle gleichmäßig geschnittenen Teile zur selben Zeit gar.

„Tournieren" ist der Fachausdruck für diese Bastelarbeit.

Beliebt sind längliche, ovale Formen, 4 bis 6 cm lang, die z. B. aus Karotten wie folgt geschnitten werden: Karotten schälen, quer in gleichmäßige Stücke teilen und dann längs halbieren. Mit einem kleinen, spitzen, eventuell nach innen gebogenen Messer (Tourniermesser) zunächst die Kanten leicht bogenförmig abschneiden. Dann das Karottenstück mit 6 bis 7 weiteren bogenförmigen Schnitten oval formen.

Für kleine ovale Formen und verschieden große Kugeln gibt es spezielle Ausstecher. Die kleinsten Kugelformen bekommt man mit dem Erbsen- oder Perlenausstecher. Dann gibt es Kugelausstecher in verschiedenen Größen und schließlich den Olivenausstecher für die ovale Form. Wenn Sie Zucchini ausstechen wollen, sollten die Früchte besonders groß und fest sein. Gemüseabfälle für Brühen oder pürierte Suppen verwenden.

Klassische Schnittformen für Gemüse sind Julienne und Brunoise. Gemüsestücke von 3 bis 4 cm Länge putzen und eventuell schälen. In 1 bis 2 mm dicke Scheiben schneiden, diese aufeinander legen und wiederum in 1 bis 2 mm dicke Stäbchen bzw. Streifen schneiden.

Schneidet man Julienne quer zu gleichmäßigen Würfelchen, so heißen diese Brunoise. Julienne wie Brunoise kann man von einer Sorte oder von gemischtem Suppengemüse schneiden.
Sie dienen als aromatische Garnitur für Suppen, Saucen und Farcen, Julienne auch als Rohkost oder, in Butter gedünstet, als Gemüsebett.

Mirepoix heißen gemischte Gemüsewürfel, so klein wie Brunoise oder bis zu 1 cm Seitenlänge. Sie werden gern zu Fleisch, Wild, Fisch und Meeresfrüchten verwendet, sind ideal in Ragouts und zu kurz gedünsteten Pfannengerichten.

Freilich sind Julienne und Brunoise die feinste Art, Gemüse zu schneiden. Zumindest geschmacklich erzielt man aber dasselbe Ergebnis auch mit dieser schnelleren Methode: geschälte Gemüsestücke von Hand oder in der Küchenmaschine grob raspeln.

Jedes Gemüse bietet sich für bestimmte Schnittformen an. Versuchen Sie zu variieren, dann wirkt dieselbe Gemüsebeilage immer wieder anders. Paprikaschoten sind besonders dekorativ in Streifen geschnitten, als ganze oder halbe Ringe, Würfel und Rauten.

Scheiben, gleichmäßig und schnell: Wer keine Küchenmaschine hat, schneidet Scheiben am besten auf dem Gurkenhobel.

Besondere Scheiben für besondere Anlässe: Stücke und Scheiben von Gurke und Zucchini sind hübsch gestreift bzw. gezackt, wenn man zunächst die Schale mit dem Zesteur in gleichmäßigen Streifen abzieht.

Gewöhnen Sie sich an das Buntmesser! Es macht nicht mehr Arbeit, und fein gerippt wirkt das Gemüse gleich eleganter. Hier wird eine geschälte Cocoyams vor dem Dünsten in Scheiben geschnitten.

Wurzeln und Knollen

Man denkt dabei sofort an Möhren und Knollensellerie. Zu dieser Familie gehören aber auch Zwiebeln und Kartoffeln. Außerdem wächst da mehr unter der Erde, als man meint, und es wird auch auf dem Markt angeboten. Denken Sie nur an die Meerrettichwurzel, an Pastinake, Petersilienwurzel, Radieschen und Rettich, Rote Bete, Schwarzwurzel, Steckrübe, Teltower Rübchen, Topinambur und weiße Rübe.

Mit diesen Gemüsen assoziiert man zunächst winterlich Deftiges. Aber jede Wurzel und Knolle ist einmal jung und zart und somit für kurz gegarte Gerichte, für Salat und Rohkost geeignet.

Erlauchtes aus dem Untergrund: Obwohl aus der Erde und mit intensivem Geruch, sind die Lauchgewächse eine wirklich feine Familie – eines der vielseitigsten Gemüse und zugleich ein unentbehrliches Gewürz. Ohne Zwiebeln, Lauch und Knoblauch sähen die Küchen dieser Welt sehr viel ärmer aus.

Kartoffeln aus Leidenschaft: Wenn Liebe durch den Magen geht, muss es nicht immer Kaviar sein – das beweisen die sprichwörtlichen Bratkartoffelverhältnisse. Heiß geliebt werden auch all die anderen Kartoffelgerichte: Puffer, Gratin, sahniges Kartoffelpüree und Wonneklöße aus rohen Kartoffeln.

Vegetarische Schlemmerplatte

einfach, braucht Zeit
4 Portionen

A. Marinierte Kartoffeln
- 4 mittelgroße neue Kartoffeln
- 1/2 l Gemüsebrühe
- Salz
- 4 EL Balsamico-Essig
- frisch gemahlener schwarzer Pfeffer
- 2 TL Rosmarinnadeln
- 6 EL Olivenöl

B. Geschmorte Zwiebeln
- 8 kleine weiße Zwiebeln
- 2 EL Butter
- 1 EL Honig
- getrockneter Thymian
- 200 ml Weißwein

C. Möhrensalat mit Curry
- 4 Möhren
- 100 g frische Sojasprossen
- 2 EL Sultaninen
- 4 EL Keimöl
- 2 EL Pinienkerne
- 1 TL Currypulver
- Saft von 1 Zitrone
- 1 EL Sojasauce

D. Chicorée in Avocadocreme
- 2 Chicorées
- 1 reife Avocado
- Saft von 1/2 Zitrone
- Salz
- frisch gemahlener weißer Pfeffer
- 1 Prise Chilipulver
- 1/2 Becher Joghurt

A. Marinierte Kartoffeln
Die Kartoffeln waschen, schrubben und samt der Schale der Länge nach vierteln. Die Gemüsebrühe kräftig mit Salz abschmecken und die Kartoffeln darin weich kochen. Inzwischen den Essig mit Salz und Pfeffer verrühren, die Rosmarinnadeln grob hacken, zugeben und das Olivenöl unter die Marinade schlagen.

Die gegarten Kartoffeln aus der Brühe heben und mit den Schnittflächen nach oben in eine Schüssel legen. 4 Esslöffel Gemüsebrühe mit der Marinade verrühren und über die noch heißen Kartoffeln gießen. Die Kartoffeln mindestens 1 Stunde ziehen lassen und dabei mehrmals in der Marinade wenden.

B. Geschmorte Zwiebeln

Die Zwiebeln abziehen, die Wurzelansätze glatt schneiden und die Zwiebeln oben über Kreuz einschneiden.

Eine kleine feuerfeste Form mit 1 Esslöffel Butter ausstreichen und die Zwiebeln hineinsetzen. Etwas Honig in die Einschnitte träufeln, die restliche Butter auf die Kreuzstellen verteilen und mit Thymian bestreuen. Den Weißwein angießen und die Zwiebeln im vorgeheizten Backofen bei 160 °C 1 Stunde schmoren. Im Sud auskühlen lassen.

C. Möhrensalat mit Curry

Die Möhren schälen und grob raspeln. Die Sojasprossen waschen und gut abtropfen lassen. Die Sultaninen heiß brühen, abgießen und spülen.

Das Öl in einer Pfanne erhitzen und die Pinienkerne darin kurz anrösten. Die Hitze zurückschalten, das Currypulver einrühren und mit Zitronensaft und Sojasauce löschen. Möhren, Sojasprossen und Sultaninen zugeben und auf schwacher Hitze kurz in der Pfanne wenden. Den Salat samt Marinade in eine Schüssel umfüllen und auskühlen lassen.

D. Chicorée in Avocadocreme

Die Chicorées putzen, waschen und das bittere Kolbenende kegelförmig ausschneiden. Die Chicorées in fingerdicke Scheiben schneiden.

Das Avocadofleisch auslösen und mit Zitronensaft, Salz, Pfeffer, Chilipulver und Joghurt pürieren. Die Avocadocreme abschmecken und mit dem Chicorée vermischen.

Außer diesem letzten Salat können alle anderen mehrere Stunden im Voraus zubereitet werden. Längeres Marinieren bekommt dem Geschmack!

A *Nährwerte pro Portion*
Kilokalorien 260, Kilojoule 1100, Eiweiß/g 3, Kohlenhydrate/g 19, Fett/g 18, Ballaststoffe/g 2,5

B *Nährwerte pro Portion*
Kilokalorien 100, Kilojoule 410, Eiweiß/g 1, Kohlenhydrate/g 8, Fett/g 6, Ballaststoffe/g 2,3

C *Nährwerte pro Portion*
Kilokalorien 190, Kilojoule 800, Eiweiß/g 4, Kohlenhydrate/g 9, Fett/g 15, Ballaststoffe/g 2,7

D *Nährwerte pro Portion*
Kilokalorien 120, Kilojoule 490, Eiweiß/g 2, Kohlenhydrate/g 3, Fett/g 10, Ballaststoffe/g 1,6

Variation

Möhren passen außerdem gut zu Kräuterbutter oder Kräutersahne. Man kann sie auch mit Currypulver oder Marsala abschmecken.

Glasierte Möhren

einfach, Blitzrezept
4 Portionen

- 500 g Möhren
- 1/4 l Brühe
- 50 g Butter
- 50 g Zucker
- 1 Prise Salz

Die Möhren schälen und unter fließendem Wasser waschen. Größere Möhren halbieren und nach Belieben die Enden rund schnitzen.

Die Brühe in einem Topf zum Kochen bringen und die Möhren darin 10 Minuten köcheln lassen.

Die halb garen Möhren herausheben und in einem Sieb gut abtropfen lassen. Etwas Kochflüssigkeit aufheben.

Die Butter in einer tiefen Pfanne erhitzen, Zucker einrühren und goldgelb bräunen. 2 bis 3 Esslöffel der Kochflüssigkeit mit dem Schneebesen unterziehen.

Die Möhren hineingeben, salzen und ca. 10 Minuten darin glasieren. Dabei die Pfanne immer wieder schütteln, damit sich die Glasur rund um die Möhren verteilt.

Nährwerte pro Portion
Kilokalorien 170, Kilojoule 730, Eiweiß/g 1, Kohlenhydrate/g 18, Fett/g 11, Ballaststoffe/g 3,5

Wurzelgemüse in Petersilienbutter

einfach, Blitzrezept
4 Portionen

- 500 g Möhren
- 500 g dicke Petersilienwurzeln
- 4 EL Butter
- 2 TL flüssiger Honig
- 200 ml Kalbsfond
- Salz
- frisch gemahlener schwarzer Pfeffer
- 2 Bund glatte Petersilie

Möhren und Petersilienwurzeln putzen, schälen, waschen und in gleichmäßige Scheiben schneiden.

3 Esslöffel Butter in einem Topf aufschäumen, Honig und dann das Wurzelgemüse einrühren und anschwitzen. Mit dem Kalbsfond ablöschen und zugedeckt 10 Minuten dünsten. Mit Salz und Pfeffer abschmecken.

Die Petersilie waschen, trockentupfen, die Blätter fein hacken und unter das Gemüse mischen.

Die Flüssigkeit im offenen Topf noch etwas einkochen lassen und vor dem Servieren die restliche Butter in Flöckchen unterziehen.

Nährwerte pro Portion
Kilokalorien 180, Kilojoule 730, Eiweiß/g 4, Kohlenhydrate/g 8, Fett/g 14, Ballaststoffe/g 4,1

Teltower Rübchen

einfach
4 Portionen

- 750 g Teltower Rübchen
- 2 EL Butter
- 1 EL Zucker
- 1 EL Zitronensaft
- 1/8 l Brühe
- 1 Prise Salz
- frisch gemahlener weißer Pfeffer
- 1 TL Speisestärke
- 100 g Schlagsahne
- 1 Bund glatte Petersilie

Die Rübchen schälen und waschen, erst in Scheiben, dann in Stifte schneiden.

Butter in einem Topf schmelzen, den Zucker einrühren und karamellisieren lassen.

Die Rübchen dazugeben, einige Minuten anbraten und den Zitronensaft einrühren.

Die Brühe zugießen, mit Salz und Pfeffer würzen. Bei kleiner Hitze im geschlossenen Topf etwa 30 Minuten dünsten.

Speisestärke mit Sahne in einem Becher verquirlen und unter das Gemüse rühren. Noch einmal aufkochen, bis der Gemüsefond sämig ist.

Petersilie waschen, trockentupfen und fein hacken. Vor dem Servieren über das Gemüse streuen.

Nährwerte pro Portion
Kilokalorien 210, Kilojoule 880, Eiweiß/g 3, Kohlenhydrate/g 15, Fett/g 15, Ballaststoffe/g 6,3

TIPP

Nach Geschmack können Sie zusätzlich gehobelten Parmesan aufstreuen oder die Kräuterbutter mit etwas Sahne anreichern.

Gemüsenudeln in Kräuterbutter

einfach, braucht Zeit
2 Portionen

- 1 dicke Möhre (etwa 250 g)
- 1 Knollensellerie (etwa 200 g)
- 1 Lauchstange
- 125 g breite Bandnudeln
- Salz
- 1/2 Bund glatte Petersilie
- etwas frisches Basilikum
- etwas frischer Kerbel
- 1–2 Knoblauchzehen
- 75 g Butter
- frisch gemahlener schwarzer Pfeffer
- 1 Messerspitze Chilipulver

Die Möhre putzen, schälen und waschen. Mit einem Sparschäler möglichst lange, breite Streifen abhobeln.

Den Sellerie schälen und waschen. In dicke Scheiben schneiden und halbieren, wie von der Möhre möglichst lange Streifen mit dem Sparschäler abziehen.

Den Lauch putzen, längs halbieren und waschen. In breite, lange Streifen schneiden.

Die Bandnudeln in reichlich kochendes Salzwasser geben und darin nach Packungsbeschreibung al dente garen. Die letzten 5 Minuten die Gemüsestreifen mit in das Kochwasser geben.

Die Kräuter waschen und hacken, den Knoblauch abziehen und durchpressen. Die Butter in einer großen Pfanne aufschäumen, Kräuter und Knoblauch hineingeben und andünsten, mit Salz, Pfeffer und Chilipulver würzen.

Nudeln und Gemüse gut abtropfen, in der Butter wenden und sofort servieren.

Nährwerte pro Portion
Kilokalorien 600, Kilojoule 2500, Eiweiß/g 15, Kohlenhydrate/g 60, Fett/g 33, Ballaststoffe/g 3

Schwarzwurzeln mit Mandelbutter

einfach, braucht Zeit
4 Portionen

- 1 kg Schwarzwurzeln
- 2 EL Essig
- 1 EL Mehl
- Salz
- 1/2 Glas Milch
- Saft von 1/2 Zitrone
- 150 g Butter
- 100 g Mandelblätter

Schwarzwurzeln unter fließendem Wasser gründlich waschen. Dabei Haushaltshandschuhe tragen, denn Schale und Saft hinterlassen braune Flecken auf der Haut.

In einer Schüssel etwa 1 l Wasser mit Essig und Mehl verrühren. Schwarzwurzeln schälen, in fingerlange Stücke schneiden und sofort in das Essigwasser legen, damit sie nicht dunkel anlaufen.

Salzwasser zum Kochen bringen, Milch und Zitronensaft dazugeben. Die Schwarzwurzeln gut 15 Minuten im halb geschlossenen Topf bei mittlerer Hitze köcheln.

Inzwischen die Butter zerlassen und die Mandelblätter darin goldbraun rösten.

Die gegarten Schwarzwurzeln abgießen, kurz unter heißem Wasser spülen und im Sieb gut abtropfen lassen. Auf einer vorgewärmten Platte anrichten und die Mandelbutter darüber verteilen.

Als Beilage zu Fleischgerichten servieren.

Nährwerte pro Portion
Kilokalorien 540, Kilojoule 2270, Eiweiß/g 7, Kohlenhydrate/g 22, Fett/g 45, Ballaststoffe/g 10,6

Gebratene Selleriescheiben

einfach, braucht Zeit
4 Portionen

- 4 junge Sellerieknollen
- 60 g Butter
- Salz
- frisch gemahlener Pfeffer

Die Knollen putzen, schälen, waschen und halbieren. Mit dem Buntmesser in dünne Scheiben schneiden oder in Scheiben hobeln.

In einer großen Pfanne die Butter schmelzen und die Selleriescheiben darin goldgelb ausbraten. Mit Salz und Pfeffer würzen.

Gebratene Selleriescheiben anstelle von Bratkartoffeln als Beilage servieren.

Nährwerte pro Portion
Kilokalorien 60, Kilojoule 260, Eiweiß/g 4, Kohlenhydrate/g 7, Fett/g 2, Ballaststoffe/g 9,3

Gefüllte Sellerieknollen mit Tomatenrisotto

einfach, braucht Zeit
4 Portionen

Risotto

- 1/2 Bund Frühlingszwiebeln
- 100 g Frühstücksspeck am Stück
- 1 l Brühe
- 4 EL Butter
- 300 g Reis
- 200 g gehackte Tomaten
- 2 EL Tomatenmark
- Salz
- frisch gemahlener Pfeffer

- 4 junge Sellerieknollen à 250 g
- 1 Ei
- Butter für die Form
- 50 g geriebener Emmentaler

Das Weiße der Frühlingszwiebeln fein hacken. Den Frühstücksspeck in winzige Würfel schneiden.

Die Brühe erhitzen.

2 Esslöffel Butter in einer Kasserolle zerlassen. Zwiebeln, Frühstücksspeck und den Reis darin glasig werden lassen. Schöpfkellenweise nach und nach die heiße Brühe angießen, sodass der Reis immer feucht bleibt, und ihn bei mittlerer Hitze garen. Zum Schluss die gehackten Tomaten und das Tomatenmark unterrühren. Mit Salz und Pfeffer abschmecken und bei kleiner Hitze einige Minuten durchziehen lassen. Den Risotto beiseite stellen.

Die Sellerieknollen putzen, unter fließendem Wasser gründlich abbürsten und schälen. Die Knollen in Salzwasser ca. 20 Minuten köcheln. Anschließend herausheben, abtropfen und abkühlen lassen.

Flache Deckel abschneiden und die Knollen vorsichtig mit einem Löffel aushöhlen.

Das Innere von einem Sellerie fein hacken. Mit einem Viertel des Risottos und dem Ei gut vermischen, mit Salz und Pfeffer würzen. Die Füllung in die Sellerieknollen verteilen.

Eine Auflaufform mit Butter ausstreichen und die gefüllten Sellerieknollen hineinsetzen. Den geriebenen Käse darüber streuen. Restliche Butter als Flöckchen darauf setzen.

Im vorgeheizten Backofen bei 200 °C auf der mittleren Schiene ca. 30 Minuten backen. Den restlichen Tomatenrisotto aufwärmen und als Beilage servieren.

Gemischten Blattsalat dazu reichen.

Nährwerte pro Portion
Kilokalorien 700, Kilojoule 2910, Eiweiß/g 18, Kohlenhydrate/g 68, Fett/g 35, Ballaststoffe/g 9,9

Rote Beten mit Äpfeln und Balsamico

einfach
4 Portionen

- 500 g Rote Beten
- 3–4 EL Balsamico-Essig
- Salz
- frisch gemahlener Pfeffer
- 150 g Apfel (Boskop, Jona Gold)
- 50 g rotes Johannisbeergelee
- 1 gestrichener TL Stärkemehl

Die Roten Beten schälen, in dünne Spalten schneiden und mit dem Essig, 100 ml Wasser, Salz und Pfeffer weich dünsten.

Den Apfel schälen, in Spalten schneiden und entkernen. Kurz bevor die Rüben gar sind, die Apfelspalten und das Johannisbeergelee zugeben und knapp weitere 10 Minuten dünsten.

Vor dem Servieren das Stärkemehl mit 2 Esslöffeln Wasser anrühren, die Sauce damit binden und mit Pfeffer und Balsamico-Essig abschmecken.

Das Gemüse schmeckt warm als Beilage zu Fleisch und Wildgerichten. Kalt passt es als Garnitur zu deftigen Pasteten oder zu kaltem Braten.

Nährwerte pro Portion
Kilokalorien 90, Kilojoule 370, Eiweiß/g 2, Kohlenhydrate/g 19, Fett/g 0, Ballaststoffe/g 4,7

Rettich-Radieschen-Salat

1 Stunde vor dem Servieren zubereiten

einfach, braucht Zeit
4 Portionen

- 2 Rettiche
- 1 Bund Radieschen
- 100 g Roquefortkäse
- 200 g Schlagsahne
- 2 EL Weißweinessig
- 1 Prise Zucker
- Salz
- frisch gemahlener Pfeffer
- 1 Bund Schnittlauch

Rettiche und Radieschen unter fließendem Wasser gründlich abbürsten und die Rettiche schälen. Die Radieschen putzen und beides in hauchdünne Scheiben schneiden.

Den Käse mit einer Gabel zerdrücken. Mit Sahne, Essig, Zucker, wenig Salz und Pfeffer verrühren.

Den Schnittlauch waschen, mit Küchenpapier trocknen und in feine Röllchen schneiden. Zu der Roquefortsauce geben.

Rettich- und Radieschenscheiben in einer Schüssel mischen, die Sauce darüber gießen und vorsichtig unterheben. Den Salat an einem kühlen Ort vor dem Servieren noch 30 Minuten durchziehen lassen.

Nährwerte pro Portion
Kilokalorien 280, Kilojoule 1170, Eiweiß/g 8, Kohlenhydrate/g 6, Fett/g 24, Ballaststoffe/g 2

Syrischer Radieschensalat

einfach
4 Portionen

- 5 Knoblauchzehen
- 1 TL Salz
- 500 g türkischer Joghurt
- 2 frische rote Chilischoten
- 1 Bund Radieschen
- 1 Bund glatte Petersilie
- 1 EL schwarze Oliven ohne Stein
- 2 EL natives Olivenöl

Die Knoblauchzehen abziehen, hacken und in einem Mörser mit dem Salz zerdrücken. Die Knoblauchpaste gut mit dem Joghurt verrühren.

Die Chilischoten entkernen, fein hacken und zur Joghurtsauce geben.

Die welken Blätter von den Radieschen entfernen, die Radieschen samt Grün sowie die Petersilie waschen und trockenschütteln. Alles hacken, in eine Salatschüssel geben und mit der Joghurtsauce vermischen. Zugedeckt im Kühlschrank 30 Minuten ziehen lassen.

Vor dem Servieren das Olivenöl zugeben und noch einmal gut durchmischen.

Nährwerte pro Portion
Kilokalorien 170, Kilojoule 700, Eiweiß/g 5, Kohlenhydrate/g 7, Fett/g 13, Ballaststoffe/g 0,9

Variation

Statt Weißwein kann man auch aromatischen Wermut oder einen kräftigen Rotwein angießen.

Glasierte Zwiebeln

einfach, Blitzrezept
4 Portionen

- 1 kg kleine Zwiebeln, z. B. Grillzwiebeln oder Schalotten
- Salz
- 75 g Butter
- 75 g Zucker
- 1/4 l Weißwein
- 3 Gewürznelken
- frisch gemahlener Pfeffer

Die Zwiebeln abziehen und je nach Größe 4 bis 6 Minuten in kochendem Salzwasser blanchieren. Herausheben und gut abtropfen lassen.

Butter in einer Kasserolle erhitzen. Den Zucker unterrühren, bis er Fäden zieht.

Die Zwiebeln hineingeben, mehrmals wenden und leicht goldbraun werden lassen.

Mit Weißwein ablöschen. Gewürznelken zufügen und mit Salz und Pfeffer würzen. So viel Wasser zugießen, dass die Zwiebeln zur Hälfte bedeckt sind. Zugedeckt bei schwacher Hitze ca. 30 Minuten garen, bis die Zwiebeln weich sind.

Eine ideale Beilage zu Braten.

Nährwerte pro Portion
Kilokalorien 290, Kilojoule 1220, Eiweiß/g 3, Kohlenhydrate/g 32, Fett/g 16, Ballaststoffe/g 6,9

Das Zwiebelfleisch schmeckt als Beilage zu Gegrilltem oder als würziger Belag auf Vollkornbrötchen wie in diesem Rezept.

Gebackene Zwiebeln

einfach, braucht Zeit
3 Portionen

- 6 mittelgroße Gemüsezwiebeln
- 3 Vollkornbrötchen
- Butter
- Salz
- 3 kleine feste Tomaten
- 1 Bund Schnittlauch
- frisch gemahlener schwarzer Pfeffer

Die Wurzelenden der Zwiebeln abschneiden, die Zwiebeln eng nebeneinander in eine Gratinform setzen.

1/2 l Wasser angießen, die Zwiebeln bei 200 °C im Ofen etwa 1 Stunde backen.

Die Brötchen halbieren und buttern, mit etwas Salz bestreuen. Tomaten in Scheiben schneiden und darauf legen. Das Zwiebelfleisch aus den Schalen lösen, über die Tomaten geben. Salz, Schnittlauchröllchen und Pfeffer darüber streuen.

Nährwerte pro Portion
Kilokalorien 180, Kilojoule 700, Eiweiß/g 7, Kohlenhydrate/g 35, Fett/g 1, Ballaststoffe/g 12

Knoblauch in der Folie

einfach
4 Portionen

- 4 kleine Knoblauchknollen
- Olivenöl
- Salz
- frisch gemahlener Pfeffer

Die äußeren, lockeren Schalen von den Knollen entfernen.

4 Stück Alufolie gut mit Olivenöl einstreichen und jeweils 1 Knoblauchknolle darauf setzen. Etwas Olivenöl über die Knollen träufeln und leicht salzen. Die Folie um die Knoblauchknollen wickeln.

Die Knoblauchpäckchen im vorgeheizten Backofen bei 220 °C 25 Minuten backen.

Die Knoblauchknollen aus der Folie wickeln und das weiche Knoblauchfleisch mit dem Messerrücken aus den Schalen drücken. Das Knoblauchmus auf Brotscheiben streichen und mit Salz und Pfeffer würzen oder als Beilage zu gegrilltem Fleisch reichen.

Nährwerte pro Portion
Kilokalorien 50, Kilojoule 230, Eiweiß/g 3, Kohlenhydrate/g 10, Fett/g 0, Ballaststoffe/g 0,7

TIPP

Wenn Sie mit Holzkohle grillen, die Knoblauchpäckchen an den Rand der Glut in die heiße Asche legen und etwa 30 Minuten garen. Nach 20 Minuten kontrollieren!

Pariser Zwiebeln

einfach
2 Portionen

- 250 g Lauch
- 20 g Butter
- 100 g Schlagsahne
- 1 großes Ei
- Salz
- frisch gemahlener Pfeffer
- 50 g geriebener Emmentaler
- 1 große Gemüsezwiebel, ca. 350 g
- Butter für die Auflaufform
- 1 EL trockener Wermut
- 1 Messerspitze geriebene Muskatnuss

Den Lauch putzen und in feine Ringe schneiden. In einem Topf in Butter andünsten. Sahne zugießen und 10 Minuten sanft kochen lassen.

Das Ei trennen und das Eigelb unter das Lauchgemüse rühren. Mit Salz und Pfeffer würzen und den Käse untermischen.

Die Zwiebel abziehen, 10 Minuten in Salzwasser köcheln lassen und halbieren. Mit einem Löffel vorsichtig aushöhlen. Die Zwiebel mit dem Lauchgemüse füllen, in eine gebutterte feuerfeste Form setzen und mit Wermut beträufeln.

Im vorgeheizten Backofen bei 200 °C auf der mittleren Schiene 25 Minuten backen.

Das Eiweiß sehr steif schlagen, mit Salz und Muskatnuss würzen und mit einem Löffel vorsichtig auf die gefüllten Zwiebeln setzen. Weitere 5 bis 7 Minuten überbacken, bis der Eischnee goldbraun wird.

Nährwerte pro Portion
Kilokalorien 460, Kilojoule 1950, Eiweiß/g 16, Kohlenhydrate/g 16, Fett/g 35, Ballaststoffe/g 8

Als Vorspeise servieren oder als Beilage zu gebratenem Kalb- oder Rindfleisch.

Kartoffelsalat

einfach, braucht Zeit
4 Portionen

- 1,2 kg Salatkartoffeln
- Salz
- 200 ml Fleischbrühe
- 6 EL Weißweinessig
- 6 EL Öl
- frisch gemahlener Pfeffer
- 1–2 rote Zwiebeln
- 1 Bund Schnittlauch

Die Kartoffeln waschen und in Salzwasser ca. 30 Minuten kochen. Die gekochten Kartoffeln pellen.

Die Fleischbrühe erwärmen und mit Essig, Öl und Pfeffer verrühren. Die Zwiebeln abziehen und fein hacken. Den Schnittlauch waschen, trockentupfen und in feine Röllchen schneiden.

Die lauwarmen Kartoffeln in Scheiben schneiden, mit der gewürzten Brühe übergießen und mit den roten Zwiebeln vermischen. Den Salat in der zugedeckten Schüssel ziehen lassen.

Den Schnittlauch vor dem Servieren unterheben.

Nährwerte pro Portion
Kilokalorien 340, Kilojoule 1440, Eiweiß/g 5, Kohlenhydrate/g 36, Fett/g 19, Ballaststoffe/g 5,9

Schwäbischer Kartoffelsalat

einfach, braucht Zeit
4 Portionen

- 1 kg Salatkartoffeln
- 1 Salatgurke
- 2 Zwiebeln
- 1/4 l Brühe
- 5 EL Essig
- Salz
- 1 Prise Zucker
- 1 EL mittelscharfer Senf
- 4 EL Öl
- frisch gemahlener Pfeffer
- 1 Bund Schnittlauch

Die Kartoffeln waschen, mit der Schale kochen, noch warm pellen und in feine Scheiben schneiden.

Die Salatgurke waschen, schälen und in Scheiben hobeln. In einer Schüssel mit den Kartoffeln mischen. Die Zwiebeln abziehen und fein hacken.

Die Brühe mit dem Essig, Salz, Zucker und den Zwiebeln kurz aufkochen und mit dem Senf und dem Öl vermischen.

Über den Salat gießen, alles vorsichtig mischen und mit Salz und Pfeffer abschmecken.

Den Schnittlauch waschen, trockentupfen, in Röllchen schneiden und darüber streuen.

Wenn der Salat jetzt noch mindestens 30 Minuten durchziehen kann, entwickelt er ein hervorragendes Aroma.

Nährwerte pro Portion
Kilokalorien 290, Kilojoule 1210, Eiweiß/g 7, Kohlenhydrate/g 46, Fett/g 7, Ballaststoffe/g 7,1

Pikanter Kartoffelsalat mit Ei

einfach, braucht Zeit
4 Portionen

- 1 kg Salatkartoffeln
- Salz
- 6 EL Salatmayonnaise
- 150 g Sauerrahm
- 4 EL Weinessig
- frisch gemahlener Pfeffer
- 1 Prise Zucker
- 1 EL Öl
- 1 rote Paprikaschote
- 1 große Zwiebel
- 3 Gewürzgurken
- 1 EL Kapern
- 2 Eier
- 1 Bund Schnittlauch

Die Kartoffeln gründlich waschen und in Salzwasser ca. 30 Minuten gar kochen.

In ein Sieb abgießen, mit kaltem Wasser kurz abschrecken, pellen und auskühlen lassen.

In gleichmäßig dünne Scheiben schneiden.

Aus Mayonnaise, Sauerrahm, Essig, Pfeffer, Zucker, Salz und Öl eine Marinade rühren.

Die Paprika putzen, entkernen und in feine Wurfel schneiden.

Die Zwiebel abziehen. Zusammen mit den Gewürzgurken und den Kapern fein hacken. Alles unter den Salat mischen. Im Kühlschrank mindestens 1 Stunde zugedeckt durchziehen lassen.

Die Eier hart kochen, abschrecken, schälen und achteln.

Den Schnittlauch waschen, trockentupfen und in feine Röllchen schneiden.

Den Kartoffelsalat mit den Eiern und dem Schnittlauch garnieren.

Nährwerte pro Portion
Kilokalorien 430, Kilojoule 1810, Eiweiß/g 11, Kohlenhydrate/g 51, Fett/g 18, Ballaststoffe/g 7,4

Würzige Kartoffelspieße

einfach, Blitzrezept
4 Portionen

- 750 g kleine, neue Kartoffeln
- 1 TL Salz
- 200 g Frühstücksspeck in dicken Scheiben
- 3 EL Knoblauchöl
- 1 TL Kümmel
- 1 EL Rosmarinnadeln
- grobes Salz
- frisch gemahlener Pfeffer

Die Kartoffeln waschen und bürsten, aber nicht schälen. In Salzwasser je nach Größe 7 bis 8 Minuten kochen, abgießen und erkalten lassen.

Große Kartoffeln quer halbieren, kleine Kartoffeln ganz lassen und den Frühstücksspeck in dazu passende Quadrate schneiden. Kartoffeln und Speck abwechselnd auf Holzspieße stecken und mit Knoblauchöl bestreichen.

Die Spieße auf dem Grill bei guter Mittelhitze rundherum rösten, bis sie braun und

TIPP

Ganz Eilige können Kartoffelbällchen aus dem Glas verwenden. Die schmecken allerdings nicht so gut wie frische Kartoffeln.

knusprig sind. Kümmel und Rosmarin grob hacken. Gegen Ende der Garzeit die Spieße noch einmal mit Knoblauchöl bestreichen, mit Kümmel, Rosmarin und grobem Salz bestreuen.

Zum Servieren die Spieße mit frisch gemahlenem Pfeffer würzen.

Nährwerte pro Portion
Kilokalorien 540, Kilojoule 2260, Eiweiß/g 5, Kohlenhydrate/g 22, Fett/g 47, Ballaststoffe/g 3,4

Neue Kartoffeln vom Blech

einfach, braucht Zeit
4 Portionen

- 750 g neue Kartoffeln
- Öl für das Blech
- 50 g Butter
- 50 g grobes Meersalz
- 2 TL Kümmel

Die Kartoffeln unter fließendem Wasser gründlich abbürsten, halbieren und trockentupfen.

Ein Backblech mit etwas Öl einstreichen, die Kartoffeln mit der Schnittfläche nach unten darauf setzen.

Butter in einem Topf zerlassen und die Kartoffeloberseiten damit bestreichen. Mit Salz und Kümmel bestreuen.

Im vorgeheizten Backofen bei 220 °C auf der mittleren Schiene etwa 45 Minuten backen.

Nährwerte pro Portion
Kilokalorien 260, Kilojoule 1100, Eiweiß/g 4, Kohlenhydrate/g 32, Fett/g 12, Ballaststoffe/g 4,3

Variation

Die gewaschenen Kartoffeln mit Küchenpapier trockentupfen und kreuzweise tief einschneiden. Das Backblech dick mit Salz bestreuen und die Kartoffeln in das Salzbett setzen. Die Butter schmelzen, die Kartoffeln damit bestreichen und mit wenig Salz würzen. Bei 220 °C im Backofen etwa 40 Minuten backen.

Rosmarinkartoffeln

einfach
4 Portionen

- 1 kg kleine neue Kartoffeln, möglichst gleich groß
- 250 g Cocktailtomaten
- 8 Knoblauchzehen
- 50 ml Olivenöl
- 80 g Butter
- 1/2 Zweig frischer Rosmarin
- 1 gestrichener EL grobes Salz
- frisch gemahlener schwarzer Pfeffer

Die Kartoffeln waschen, sauber bürsten und abtrocknen. Große Kartoffeln halbieren. Die Tomaten waschen und ebenfalls trocknen.

Die Knoblauchzehen abziehen.

In einer Pfanne das Olivenöl und 50 g Butter erhitzen. Die Kartoffeln einlegen, zudecken und bei mittlerer Hitze 10 Minuten braten. Die Pfanne ab und zu rütteln.

Nach 10 Minuten die restliche Butter in die Pfanne geben. Cocktailtomaten und Knoblauchzehen mit den Kartoffeln mischen. Die Rosmarinnadeln vom Zweig streifen und in die Pfanne geben, nur sehr lange Nadeln grob hacken. Salz und Pfeffer einstreuen, alles gut mischen und in der geschlossenen Pfanne weitere 5 Minuten braten. Dann den Deckel abnehmen und die Rosmarinkartoffeln weiterbraten, bis sie gar und goldbraun sind.

Eine ideale Beilage zu geschmortem Rind, Lamm oder Wild.

Nährwerte pro Portion
Kilokalorien 410, Kilojoule 1730, Eiweiß/g 5, Kohlenhydrate/g 32, Fett/g 29, Ballaststoffe/g 5,3

Westfälische Bratkartoffeln

einfach, braucht Zeit
4 Portionen

- 1 kg fest kochende Kartoffeln
- 100 g geräucherter Schweinebauch am Stück
- 2 EL Butterschmalz
- Salz
- 1 Bund glatte Petersilie
- frisch gemahlener schwarzer Pfeffer
- 1 TL Paprikapulver

Die Kartoffeln schälen, waschen und in gleichmäßige kleine Würfel schneiden. Den Schweinebauch fein würfeln.

In einer großen Eisenpfanne das Butterschmalz stark erhitzen und den Speck darin auslassen. Die Kartoffelwürfel zugeben und bei mittlerer Hitze auf einer Seite gut 5 Minuten braten, leicht salzen.

In der Zwischenzeit die Petersilie waschen, trockenschütteln, die Blätter von den Stängeln zupfen und hacken.

Die Kartoffeln wenden und sobald sie auf allen Seiten braun sind, mit Salz, Pfeffer und Paprikapulver würzen. Insgesamt etwa 15 Minuten braten. Zuletzt mit gehackter Petersilie bestreuen.

Nährwerte pro Portion
Kilokalorien 350, Kilojoule 1470, Eiweiß/g 12, Kohlenhydrate/g 43, Fett/g 12, Ballaststoffe/g 5,8

Variation

Nach dem ersten Wenden der Kartoffeln 1 gehackte Zwiebel zugeben und/oder zuletzt mit einer gepressten Knoblauchzehe und 1/2 Teelöffel Kümmel würzen.

Kartoffelpüree

einfach
4 Portionen

- 1 kg mehlig kochende Kartoffeln
- Salz
- 1/4 l Milch
- 25 g Butter
- 1 Messerspitze geriebene Muskatnuss

Die Kartoffeln waschen, schälen, halbieren oder vierteln. In Salzwasser gar kochen.

In ein Sieb abgießen und ausdampfen lassen. Dann durch eine Kartoffelpresse drücken oder zerstampfen.

Milch und Butter in einem kleinen Topf erhitzen. Unter ständigem Rühren mit dem Schneebesen unter die Kartoffelmasse geben. Das Püree sahnig schlagen und mit Salz und Muskatnuss abschmecken.

Nährwerte pro Portion
Kilokalorien 230, Kilojoule 970, Eiweiß/g 6, Kohlenhydrate/g 33, Fett/g 8, Ballaststoffe/g 4,5

Als echte Reiberdatschi dürfen sich die Puffer bezeichnen, die zusätzlich noch geriebene Zwiebeln im Teig enthalten. Sie können ebenfalls süß mit Apfelmus serviert werden, schmecken aber auch mit Sauerkraut als Beilage.

Kartoffelpuffer

einfach
4 Portionen

- 1 kg Kartoffeln
- 2 Eier
- 1 TL Salz
- Öl oder Butterschmalz zum Braten

Die Kartoffeln schälen, waschen und grob reiben oder mit der Küchenmaschine nicht zu fein zerkleinern. In ein Küchentuch wickeln und den Saft gründlich auspressen. Sofort in eine Schüssel geben und mit Eiern und Salz verrühren.

In einer schweren Pfanne so viel Fett erhitzen, dass der Boden bedeckt ist. Löffelweise den Kartoffelteig hineingeben, zu kleinen Puffern flach drücken und von beiden Seiten goldbraun braten. Erst wenden, wenn die Unterseite knusprig ist, eventuell noch etwas Fett in die Pfanne geben.

Knusprige Kartoffelpuffer schmecken mit Zimtzucker bestreut und mit Apfelmus serviert.

Nährwerte pro Portion
Kilokalorien 480, Kilojoule 2000, Eiweiß/g 8, Kohlenhydrate/g 35, Fett/g 35, Ballaststoffe/g 6

Rösti

einfach, Blitzrezept
4 Portionen

- 1,2 kg mehlig kochende Karoffeln
- Salz
- 80 g Butterschmalz

Kartoffeln gründlich waschen und die Hälfte davon in der Schale in Salzwasser etwa 20 Minuten kochen. Sie sollen knapp gar sein.

Abschütten, kurz mit kaltem Wasser abschrecken und abkühlen lassen.

Inzwischen die rohen Kartoffeln schälen und raspeln. Schwach salzen und mit den gekochten und anschließend geschälten und grob geraspelten Kartoffeln mischen.

In einer schweren Eisenpfanne oder einer beschichteten Pfanne die Hälfte des Butterschmalzes erhitzen. Die Kartoffelraspeln hineingeben, flach drücken und kurz anbraten. Die Pfanne mit einem Deckel verschließen und die Rösti bei kleiner Hitze etwa 10 Minuten weiter bräunen. Rösti auf den Pfannendeckel oder einen großen Teller stürzen, restliches Schmalz zerlassen und die Rösti mit der angebratenen Seite nach oben wieder in die Pfanne gleiten lassen. Die zweite Seite ebenfalls goldbraun braten.

Zum Servieren in 4 Portionen aufteilen.

Wer die Rösti deftiger will, kann eine klein gehackte Zwiebel vor dem Braten unter die Kartoffelraspeln geben.

Nährwerte pro Portion
Kilokalorien 430, Kilojoule 1810, Eiweiß/g 6, Kohlenhydrate/g 51, Fett/g 20, Ballaststoffe/g 6,9

Scheiben oder Stücke von gekochtem und geschältem ***Topinambur*** *können Kartoffeln in Gratins, Aufläufen und Eintöpfen ersetzen. Die Knolle wird auch unter dem Namen Jerusalemartischocke angeboten.*

Kartoffelgratin

einfach, braucht Zeit
4 Portionen

- 1 kg Kartoffeln (mehlig kochend oder halb und halb)
- 60 g Butter
- 2 Knoblauchzehen
- Salz
- frisch gemahlener Pfeffer
- 100 g Schlagsahne
- 100 ml Milch

Die Kartoffeln schälen, waschen und in nicht zu dünne Scheiben hobeln.

Eine Gratinform mit der Hälfte der Butter ausstreichen. Die Knoblauchzehen abziehen, fein hacken und auf den Boden der Form streuen.

Die Kartoffelscheiben am besten dachziegelartig in einer Schicht in die Form legen und mit Salz und Pfeffer würzen. Die restliche Butter in Flöckchen darauf setzen. Die Schlagsahne mit der Milch mischen und angießen.

Den Backofen auf 220 °C vorheizen und die Form auf die mittlere Schiene stellen. Das Gratin backen, bis die Flüssigkeit hochkocht, dann die Temperatur auf 180 °C reduzieren und das Gratin weitere 40 Minuten backen.

Wird das Kartoffelgratin brauner gewünscht, in den letzten 15 Minuten auf Oberhitze schalten oder ganz zuletzt unter dem Grill bräunen.

Nährwerte pro Portion
Kilokalorien 340, Kilojoule 1430, Eiweiß/g 6, Kohlenhydrate/g 32, Fett/g 21, Ballaststoffe/g 4,5

Kartoffeln aus der Glut

Ob Feuer mit Holzkohle oder Grillbriketts, an seinem Rand können große mehlige Kartoffeln in der Glut gegart werden. Sie brauchen etwa 50 Minuten und verkohlen rundherum. Zum Essen halbieren und auslöffeln.

Selbstverständlich können die Folienkartoffeln auch im Backofen bei 220 °C etwa 50 Minuten gegart werden.

Gefüllte Folienkartoffeln vom Grill

einfach, braucht Zeit
4 Portionen

- 4 große gleichmäßige Kartoffeln
- Öl zum Bestreichen
- 500 g Magerquark
- 300 g Schmand
- Salz
- 2 Knoblauchzehen
- 1 Bund glatte Petersilie
- 1 Bund Schnittlauch
- 1 Kästchen Kresse
- 50 g Sprossen (Lupine, Alfalfa)
- 1 Schalotte
- 1/2 rote Paprikaschote
- 2 EL Tomatenketchup
- 1/2 TL Paprikapulver
- frisch gemahlener Pfeffer
- 1 TL mittelscharfer Senf
- 1 Bund Radieschen

Die Kartoffeln waschen, bürsten und trocknen. 4 Stück Alufolie dünn mit Öl bestreichen und die Kartoffeln fest einwickeln. Die Kartoffeln unter dem Grillrost, am Rand der Kohlenglut etwa 50 Minuten backen und dabei mehrmals wenden. Mit einem Metallspieß erstmals nach 45 Minuten prüfen, ob die Kartoffeln durchgegart sind.

Inzwischen den Magerquark mit dem Schmand verrühren und mit Salz vorsichtig abschmecken. Die Menge in 3 Portionen teilen.

Die Knoblauchzehen abziehen und pressen. 2 Quarkportionen mit Knoblauch verrühren.

Petersilie und Schnittlauch waschen, trockenschütteln und fein hacken. Die Hälfte der Kresse abschneiden und zusammen mit den anderen Kräutern in eine Portion Knoblauchquark rühren. Die restliche Kresse und die Sprossen bereithalten, um den Kräuterquark und/oder die Kartoffeln damit zu garnieren.

Für den Paprikaquark die Schalotte abziehen und sehr fein hacken. Die Paprikaschote waschen, putzen und in kleine Würfel schneiden. Die 2. Portion Knoblauchquark mit Tomatenketchup, Paprikapulver, Schalotte und Paprikaschote verrühren.

Die 3. Quarkportion mit dem Senf verrühren. Die Radieschen putzen und waschen. Junges, knackiges Grün aufbewahren und zusammen mit den Radieschen grob hacken. Die Radieschen bis auf 1 Esslöffel voll in den Quark rühren und mit den restlichen Radieschen garnieren.

Alle Quarkmischungen mit Salz und Pfeffer abschmecken.

Ballonkartoffeln

einfach
4 Portionen

- 4 große Kartoffeln (mehlig kochend oder halb und halb)
- Salz

Den Backofen auf 220 °C vorheizen. Die Kartoffeln waschen, bürsten und trocknen. Jede Kartoffel waagrecht halbieren.

Die Kartoffelhälften mit der Schnittfläche nach oben auf den Rost legen, sie dürfen sich nicht berühren! Die Schnittflächen gleichmäßig, aber nur dünn mit Salz bestreuen. Die Kartoffeln auf der mittleren Schiene in den vorgeheizten Backofen schieben.

Zunächst schmilzt das Salz, dann überzieht die Schnittfläche eine dünne „Haut", die sich nach etwa 25 bis 30 Minuten blasenförmig abhebt, bis sie gewölbt und hellbraun ist. Nach dem Wölben sollten die Ballonkartoffeln noch mindestens 5 Minuten im Backofen bleiben.

Falls sich das Servieren hinauszögert, können Sie die Kartoffeln aber ruhig weitere 10 Minuten bei niedriger Temperatur im Backofen warm halten.

Wie alle guten Kartoffeln schmeckt auch die Ballonkartoffel am besten mit Butter. Sie passt als Beilage zu fast allen Gerichten.

Nährwerte pro Portion
Kilokalorien 210, Kilojoule 870, Eiweiß/g 5, Kohlenhydrate/g 43, Fett/g 0, Ballaststoffe/g 5,8

Die gegarten Folienkartoffeln auswickeln und entweder nur der Länge nach oder über Kreuz einschneiden. Die Kartoffeln unten leicht zusammendrücken, damit sie sich öffnen und besser füllen lassen. Die Kartoffeln möglichst heiß mit den Quarkmischungen servieren.

Nährwerte pro Portion
Kilokalorien 380, Kilojoule 1610, Eiweiß/g 24, Kohlenhydrate/g 35, Fett/g 16, Ballaststoffe/g 5

Rohe Kartoffelklöße

einfach, braucht Zeit
4 Portionen

- 1 kg große mehlig kochende Kartoffeln
- Salz
- 1 altbackenes Brötchen
- 1 EL Butterschmalz

Eine Kartoffel waschen und in der Schale in Salzwasser 25 Minuten kochen.

Inzwischen die restlichen Kartoffeln schälen, waschen und in eine Schüssel mit kaltem Wasser reiben. Stehen lassen, bis die gekochte Kartoffel gar ist.

Ein Sieb mit einem Mulltuch auslegen und auf eine Schüssel setzen. Die geriebenen Kartoffeln samt Wasser hineinschütten. Kartoffelmasse mit dem Tuch über der Schüssel fest auspressen. Das Wasser 10 Minuten stehen lassen, damit sich die Stärke absetzen kann. Dann vorsichtig so abgießen, dass die Stärke in der Schüssel zurückbleibt.

Die gekochte Kartoffel abschrecken, schälen und mit der Kartoffelpresse in die Schüssel mit der Stärke pressen. Die rohe Kartoffelmasse dazugeben. Alles gut vermischen und zu einem Teig kneten.

Das Brötchen entrinden und würfeln. Das Butterschmalz in einer Pfanne erhitzen und die Brotwürfel darin goldbraun anrösten.

Aus dem Teig mit nassen Händen einen winzigen Probekloß formen. Reichlich Salzwasser in einem Topf zum Kochen bringen. Den Probekloß 10 Minuten darin ziehen lassen. Wenn der Teig nicht hält, 1 bis 2 Esslöffel Mehl in den Teig kneten.

5 bis 6 gleich große Klöße formen und in die Mitte jeweils einige Brotwürfel drücken.

Die Klöße in das kochende Wasser legen und bei schwacher Hitze ca. 25 Minuten gar ziehen lassen.

Eine ideale Beilage zu Gans, Schweinebraten oder Wildgerichten.

Nährwerte pro Portion
Kilokalorien 270, Kilojoule 1130, Eiweiß/g 6, Kohlenhydrate/g 48, Fett/g 4, Ballaststoffe/g 5,9

TIPP

Übrig gebliebene Klöße am nächsten Tag in Scheiben schneiden und in Butterschmalz rösten. Dazu gemischten Salat reichen.

Kartoffel-Gnocchi

einfach
4 Portionen

- 500 g mehlige Kartoffeln
- Salz
- 1 Eigelb
- 100-120 g Mehl, je nach Kartoffelsorte
- Salz
- frisch geriebene Muskatnuss

Die Kartoffeln waschen, schälen und in Salzwasser kochen. Abgießen, ausdämpfen lassen und heiß durch die Presse drücken. Die Kartoffelmasse abkühlen lassen.

Das Eigelb und so viel Mehl untermengen, dass ein nicht zu fester Teig entsteht. Mit Salz und Muskatnuss abschmecken.

In einem weiten Topf reichlich Salzwasser aufkochen. Den Kartoffelteig in den Spritzbeutel mit großer Lochtülle füllen. Gut 2 cm lange Teigstücke in das Wasser drücken und mit einer Messerklinge abschneiden, die immer wieder in das kochende Wasser getaucht wird.

Dann die Hitze so weit reduzieren, dass das Wasser nur noch simmert. Wenn alle Gnocchi aufgestiegen sind, noch 8 Minuten ziehen lassen.

Die Gnocchi herausheben und in einem Durchschlag abtropfen lassen.

Gnocchi als Vorspeise

Die Gnocchi in brauner Butter mit frischen Salbeiblättern schwenken und Tomatenconcassé dazu reichen.

Nährwerte pro Portion
Kilokalorien 230, Kilojoule 970, Eiweiß/g 7, Kohlenhydrate/g 43, Fett/g 2, Ballaststoffe/g 3,5

Das Rezept „Tomatenconcassé" finden Sie auf Seite 48.

Chilisauce mit Baumtomaten „Ají de tomate de árbol“

einfach, braucht Zeit

- 4 scharfe rote Chilischoten
- Salz
- Saft von 1 Limette
- 2 reife Baumtomaten
- 6 EL Öl
- 1 Prise Zucker
- 2 Frühlingszwiebeln

Die Chilischoten waschen, putzen, entkernen und grob hacken. Mit 1/2 Teelöffel Salz und dem Limettensaft pürieren.

Die Baumtomaten in kochendes Wasser legen, 2 Minuten brühen und mit der Schaumkelle herausheben. Die Baumtomaten grob zerteilen, zu den Chilischoten in den Mixer geben und mit 6 Esslöffeln Öl pürieren. Mit Salz und Zucker abschmecken.

Die Frühlingszwiebeln putzen, waschen und nur den weißen Teil sehr fein hacken. Die Chilisauce in einem Schälchen anrichten und mit den Frühlingszwiebeln bestreuen.

Kartoffelsuppe aus Ecuador „Locro quiteño“

einfach, zum Einfrieren
4 Portionen

- 800 g mehlig kochende Kartoffeln
- 4 Frühlingszwiebeln
- 2 EL Öl
- 1/2 l Milch
- 1 g Safranpulver
- Salz
- frisch gemahlener schwarzer Pfeffer
- 150 g frische Schweineschwarte
- 100 g Fetakäse
- 2 reife Avocados
- Chilisauce mit Baumtomaten nach dem Rezept links zubereiten

Die Kartoffeln schälen, waschen und mundgerecht würfeln. Die Frühlingszwiebeln putzen, abziehen und in Ringe schneiden. Das Öl in einem Kochtopf erhitzen. Die Hälfte der Kartoffeln mit den Frühlingszwiebeln darin andünsten, mit 1/2 l Wasser aufgießen und 10 Minuten kochen. Dann pürieren, die restlichen Kartoffelstücke zugeben und mit der Milch aufgießen. Mit Safran, etwas Salz und reichlich Pfeffer würzen und die Suppe kochen, bis die Kartoffelstücke gar sind. Mit Salz abschmecken.

Inzwischen den Backofen auf 250 °C vorheizen, die Fettpfanne mit Alufolie auslegen und die Schweineschwarte, in mehrere Stücke zerteilt, darauf auslegen. Die Schwarte leicht salzen und auf der 2. Schiene von oben in etwa 10 Minuten knusprig backen.

Den Fetakäse mit 2 Gabeln in mundgerechte Würfel zerteilen. Die Avocados halbieren und vom Stein drehen.

Die Kartoffelsuppe auf 4 vorgewärmte Suppenteller verteilen. Die Schweineschwarte in kleine Stücke brechen und mit den Käsewürfeln in die Suppe geben. Mit einem Esslöffel das Fleisch aus den Avocadohälften lösen und in die Suppe legen. Die Chilisauce darüber träufeln.

Nährwerte pro Portion
Kilokalorien 680, Kilojoule 2830, Eiweiß/g 2, Kohlenhydrate/g 8, Fett/g 72, Ballaststoffe/g 2,9

Herzhafte Kartoffelsuppe

einfach, braucht Zeit, zum Einfrieren
4 Portionen

- 100 g geräucherter Schweinebauch am Stück
- 3 Zwiebeln
- 1 Stange Lauch
- 1/4 Sellerieknolle
- 1 Möhre
- 500 g Kartoffeln
- 1 EL Butterschmalz
- 1/2 l Fleischbrühe
- 1 Lorbeerblatt
- 2 Wacholderbeeren
- 1 Messerspitze getrockneter Liebstöckel
- Salz
- frisch gemahlener Pfeffer
- 1 Prise Zucker
- 1 Scheibe Weißbrot
- 1/2 EL Butter
- 100 g Schlagsahne
- 200 g Fleischwurst

Den Schweinebauch würfeln. Die Zwiebeln abziehen. 2 Zwiebeln fein würfeln, 1 Zwiebel in Ringe schneiden. Lauch, Sellerie und Möhre putzen, waschen und würfeln. Die Kartoffeln schälen, waschen und in Scheiben schneiden.

Das Butterschmalz in einem Topf erhitzen, Schweinebauch darin ausbraten, gehackte Zwiebeln und Gemüse zugeben und kurz mitbraten. Die Kartoffelscheiben zugeben und die Fleischbrühe angießen. Kräuter und Gewürze zugeben und die Kartoffelsuppe zugedeckt 20 Minuten köcheln lassen.

Inzwischen das Weißbrot würfeln und in einer trockenen, heißen Pfanne rösten. Dann die Butter in die Pfanne geben und die Zwiebelringe goldbraun braten.

Die fertige Suppe mit dem Schneebesen kräftig durchrühren, damit sie sämig wird, die Sahne unterziehen und die Suppe abschmecken.

Die Fleischwurst pellen und in Scheiben schneiden. Die Suppe in eine vorgewärmte Terrine umfüllen, die Wurstscheiben einlegen, mit Brotwürfeln und Zwiebelringen garnieren.

Nährwerte pro Portion
Kilokalorien 630, Kilojoule 2630, Eiweiß/g 17, Kohlenhydrate/g 33, Fett/g 44, Ballaststoffe/g 6

Würzige Kartoffel-Möhren-Creme

einfach, zum Einfrieren
4 Portionen

- 300 g mehlig kochende Kartoffeln
- 300 g Möhren
- 1 große Zwiebel
- 2 Knoblauchzehen
- 1 frische kleine Pfefferschote
- 1 Stück frischer Ingwer, 2–3 cm
- 2 EL Öl
- 600 ml Fleischbrühe
- 200 ml Milch
- 2 EL Sojasauce
- 1 TL Currypulver
- Salz
- 1 EL Sesamsamen
- 100 g Crème fraîche
- 1/2 Kästchen Kresse

Kartoffeln und Möhren schälen, waschen und würfeln. Zwiebel und Knoblauch abziehen und würfeln. Die Pfefferschote putzen, entkernen und hacken. Den Ingwer schälen und hacken.

Das Öl in einem Kochtopf erhitzen und alle Zutaten darin rundherum andünsten. Die Brühe aufgießen und die Suppe im halb geschlossenen Topf köcheln lassen, bis das Gemüse weich ist.

Die Suppe vom Herd nehmen und pürieren. Wieder aufsetzen und mit Milch etwas verdünnen. Die Suppe einmal aufkochen, mit Sojasauce, Currypulver und Salz abschmecken.

Den Sesam in einer trockenen Pfanne kurz rösten. Jede Suppenportion mit Sesam bestreuen, 1 Teelöffel Crème fraîche in die Mitte geben und mit einem Büschel Kresse garnieren.

Nährwerte pro Portion
Kilokalorien 270, Kilojoule 1150, Eiweiß/g 6, Kohlenhydrate/g 22, Fett/g 17, Ballaststoffe/g 4,7

Lauchsuppe

einfach, zum Einfrieren
4 Portionen

- 2 kleine mehlig kochende Kartoffeln
- Salz
- 1 kleine Zwiebel
- 1 Knoblauchzehe
- 400 g Lauch
- 2 EL Butter oder Margarine
- 1 l Gemüsebrühe
- frisch gemahlener schwarzer Pfeffer
- geriebene Muskatnuss
- 30 g ungeschälte Sesamsamen
- 100 g Weizenvollkornbrot
- 1 Bund glatte Petersilie
- 125 g Crème fraîche

Die Kartoffeln waschen und ungeschält in wenig Salzwasser garen. Zwiebel und Knoblauch abziehen und fein hacken. Den Lauch putzen, aufschlitzen, gründlich waschen und in Ringe schneiden.

1 Esslöffel Fett in einem Topf zerlassen, Zwiebel, Knoblauch und Lauch darin andünsten. Mit der Brühe aufgießen und kochen lassen.

Die Kartoffeln abgießen, pellen, durchpressen und in die Suppe einrühren. Mit Salz, Pfeffer und Muskatnuss abschmecken. Die Hitze stark reduzieren und die Suppe im geschlossenen Topf etwas ziehen lassen. Eventuell noch etwas Wasser angießen, falls sie durch die Kartoffeln zu stark gebunden wird.

Die Sesamsamen in einer trockenen Pfanne goldbraun rösten und wieder herausnehmen. Das Weizenvollkornbrot klein würfeln, im restlichen Fett in der Pfanne goldbraun braten.

Die Petersilie waschen, trockenschütteln, fein hacken und in die Suppe rühren. Abschmecken und auf 4 Teller verteilen. Jeweils etwas Crème fraîche, Sesamsamen und Brotwürfel aufstreuen.

Nährwerte pro Portion
Kilokalorien 300, Kilojoule 1260, Eiweiß/g 7, Kohlenhydrate/g 21, Fett/g 21, Ballaststoffe/g 6,1

Minestrone mit Reis

einfach, zum Einfrieren
4 Portionen

- 1 große Zwiebel
- 2 Knoblauchzehen
- 150 g Weißkohl
- 2 Zucchini
- 1 Kartoffel
- 2 Möhren
- 1 Petersilienwurzel
- 3 Stängel Staudensellerie
- 2 kleine Lauchstangen
- 2 Tomaten
- 100 g Kidneybohnen aus der Dose
- 75 g geräucherter Schweinebauch am Stück
- 2 EL Öl
- 100 g tiefgekühlte Erbsen
- Salz
- 1 1/2 l leichte Gemüse- oder Fleischbrühe
- 1 Kräutersträußchen, aus 1 Lorbeerblatt, Petersilie, Basilikum, Thymian und Rosmarin gebunden
- 125 g Langkornreis
- frisch gemahlener schwarzer Pfeffer
- gehackte Petersilie zum Bestreuen

Zwiebel und Knoblauch abziehen und fein würfeln. Alle Gemüsesorten putzen, eventuell schälen, waschen und etwa gleich groß mundgerecht zerteilen. Die Kidneybohnen abtropfen lassen.

Den Schweinebauch würfeln, mit dem Öl in einen Topf geben und ausbraten, dann die Zwiebel- und Knoblauchwürfel darin glasig werden lassen. Alle festen Gemüsesorten einrühren und 5 Minuten anschwitzen, dann das übrige Gemüse einrühren, kurz mitgaren und schwach salzen.

Die Brühe angießen und aufkochen, das Kräutersträußchen hineingeben, den Reis einstreuen. Halb zugedeckt etwa 20 Minuten köcheln lassen.

Das Kräutersträußchen entfernen, die Suppe mit Salz und Pfeffer abschmecken und mit gehackter Petersilie bestreuen.

Nährwerte pro Portion
Kilokalorien 430, Kilojoule 1800, Eiweiß/g 14, Kohlenhydrate/g 50, Fett/g 19, Ballaststoffe/g 10

Der Inbegriff von Gemüsesuppe ist die italienische Minestrone. Sie trägt ihren Namen „Große Suppe“ zu Recht: Minestrone ist die Vergrößerungsform von Minestra = Suppe. In ihr verarbeiten italienische Hausfrauen alles, was Gemüsegarten und Markt hergeben. Typisch für die Minestrone: Sie enthält immer auch Teigwaren, Reis oder Graupen. Hier das Rezept für eine Mailänder Minestrone mit Reis.

Fruchtgemüse

Zu dieser Familie gehören lauter Exoten aus Südamerika und aus Afrika. Früchte von Nachtschattengewächsen und Schlingpflanzen, denen noch bis vor 200 Jahren äußerst gefährliche Eigenschaften für Leib und Seele nachgesagt wurden. Zum Glück konnten wir uns inzwischen vom Gegenteil überzeugen!

Tomate, Aubergine, Paprika, Gurke, Zucchini und andere Kürbisgewächse werden botanisch den Fruchtgemüsen zugeordnet. Natürlich gehören auch alle mehr oder weniger großen und mehr oder weniger scharfen Chilischoten dazu.

Immer noch ein bisschen exotisch sind bei uns die Okraschoten, im Handel auch als Gumbo geläufig. Sie wachsen an Sträuchern, die zu den Hibiskuspflanzen gehören (Gemüse-Eibisch). In ihrer afrikanischen Heimat, im Orient und auf den karibischen Inseln finden wir Okrafrüchte in vielen Gemüsegerichten und Eintöpfen.

Fruchtgemüse sind extrem kalorienarm – etwa 20 kcal pro 100 g –, aber reich an Kalium, Magnesium, Calcium und Eisen. Besonderes Augenmerk verdient die Paprika wegen ihres Vitamin-C-Gehalts von 140 mg pro 100 g.

Gemüsesalat mit Käse

einfach, Blitzrezept
4 Portionen

- 2 Eier
- 500 g grüner Spargel
- Salz
- Zucker
- 500 g Cocktailtomaten
- 250 g Fetakäse am Stück
- 1 kleine Dose Maiskörner
- 2 EL Sherryessig
- 1 TL Senf
- frisch gemahlener schwarzer Pfeffer
- 6 EL Olivenöl
- 1/2 Bund Basilikum

Die Eier je nach Größe in 8 bis 10 Minuten hart kochen. Kalt abschrecken, schälen und in dicke Scheiben schneiden.

Den Spargel waschen, die Spitzen 5 bis 6 cm lang abbrechen und die Reststücke z. B. für eine Gemüsesuppe verwenden. 1/2 l Wasser mit 1/2 Teelöffel Salz und 1 Prise Zucker aufkochen und die Spargelspitzen darin 5 bis 6 Minuten garen. Danach in eiskaltem Wasser abschrecken und gut abtropfen lassen.

Die Tomaten waschen, trocknen, halbieren und schwach salzen. Den Käse in Stifte schneiden. Die Maiskörner abtropfen lassen.

Alle Salatzutaten auf einer großen Platte dekorativ mischen.

Aus Essig, Senf, Salz, Pfeffer und Olivenöl eine sämige Marinade schlagen und über den Salat träufeln.

Das Basilikum waschen, trockentupfen und die Blättchen über den Salat zupfen. Zuletzt den Salat mit grob gemahlenem Pfeffer direkt aus der Mühle bestreuen.

Nährwerte pro Portion
Kilokalorien 430, Kilojoule 1830, Eiweiß/g 19, Kohlenhydrate/g 14, Fett/g 34, Ballaststoffe/g 4,2

Tomatensalat mit Basilikum

einfach, Blitzrezept
4 Portionen

- 6 Tomaten
- 1 Zwiebel
- Salz
- frisch gemahlener Pfeffer
- 2 Knoblauchzehen
- 4 EL Rotweinessig
- 8 EL Olivenöl
- 2 Bund Basilikum

Die Tomaten waschen und in Scheiben schneiden.

Die Zwiebel abziehen, halbieren und fein hobeln. Tomaten- und Zwiebelscheiben mischen, leicht salzen und pfeffern.

Den Knoblauch abziehen und pressen.

Je 1 Prise Salz und Pfeffer mit Knoblauch, Essig und Öl zu einer sämigen Marinade schlagen, über den Salat gießen und 20 Minuten ziehen lassen.

Das Basilikum waschen, trockenschütteln und die Blätter grob zerzupfen. Den Salat vor dem Servieren vorsichtig wenden und das Basilikum darüber streuen.

Nährwerte pro Portion
Kilokalorien 240, Kilojoule 1020, Eiweiß/g 1, Kohlenhydrate/g 3, Fett/g 24, Ballaststoffe/g 1,3

Gurkensalat

einfach, Blitzrezept
4 Portionen

- 1 Salatgurke
- 1 EL Salz
- 1 Bund Dill
- 1 Knoblauchzehe
- 1 Prise Zucker
- frisch gemahlener weißer Pfeffer
- 2 TL mittelscharfer Senf
- 3 EL Obstessig oder milder Weißweinessig
- 6 EL Sonnenblumenöl

Die Gurke waschen und samt der Schale möglichst fein hobeln. Die Gurkenscheiben in einen Durchschlag legen und mit 1 Esslöffel Salz vermischen.

Den Dill waschen, trockentupfen und die Blätter fein hacken.

Den Knoblauch abziehen und pressen, zusammen mit Zucker, Pfeffer, Senf und Essig verrühren. Das Öl mit dem Schneebesen einschlagen, sodass eine sämige Sauce entsteht.

Das Wasser aus den Gurkenscheiben ausdrücken. Die Gurke in der Salatschüssel mit der Marinade und dem Dill vermengen.

Gurken und manche andere Gemüse, wie zum Beispiel Auberginen, lässt man „weinen". Durch die Zugabe von Salz werden überschüssiges Wasser und Bitterstoffe ausgeschieden.

Nährwerte pro Portion
Kilokalorien 170, Kilojoule 730, Eiweiß/g 1, Kohlenhydrate/g 2, Fett/g 18, Ballaststoffe/g 0,7

Was für uns die gute Butter, war für die Azteken das butterweiche Avocadofleisch mit dem leicht nussartigen Geschmack. „Ahua quatl" – „Butter des Waldes" nannten sie die Frucht des hohen, wild wachsenden Baumes, der zur Familie der Lorbeergewächse gehört. Die Avocado, frisch gepflückt, ist steinhart. Sie muss beim Transport und meist noch bei uns zu Hause nachreifen, bis ihre Schale auf leichten Fingerdruck nachgibt. Das kann eine Woche lang dauern! Möchte man sie vollreif servieren, kauft man besser einige Tage vorher eine ziemlich harte Frucht und lässt sie unter Kontrolle nachreifen. Beschleunigt wird der Reifeprozess, wenn man die Früchte in Zeitungspapier wickelt und an einen warmen Ort – nicht auf die Heizung – legt.

Der erste Schnitt führt fast immer waagrecht um die Mitte. So wird die Avocado halbiert, um den Kern zu entfernen. Dann das Fleisch auslösen und nach Rezept schneiden. Die aufgeschnittene Avocado mit Zitronensaft beträufeln, sonst wird sie braun.

Guacamole - Avocadopaste

einfach, braucht Zeit
2 Portionen

- 1 reife Strauchtomate
- 1/2 Zwiebel
- 1 frische kleine Chilischote
- 5 Stängel Koriandergrün oder glatte Petersilie
- 1 reife Avocado
- 1 kleine Limette
- Salz
- frisch gemahlener schwarzer Pfeffer
- 1 Prise Zucker

Die Tomate kreuzweise einritzen, kurz in kochendes Wasser legen und abziehen. Dann waagrecht halbieren, die Kerne entfernen und das Tomatenfleisch hacken.

Die Zwiebel abziehen und fein würfeln. Die Chilischote entkernen und fein hacken. Die Korianderblättchen waschen, trockentupfen und fein hacken.

Die Avocado schälen, halbieren und den Kern entfernen. Die Limette auspressen. In einer Schüssel die Avocado mit dem Limettensaft übergießen und mit einer Gabel zerdrücken. Die übrigen fein gehackten Zutaten, Salz, Pfeffer und Zucker einrühren und abschmecken.

Wird der Guacamole nicht sofort serviert, deckt man ihn mit Klarsichtfolie ab, damit er nicht braun wird.

Nährwerte pro Portion
Kilokalorien 220, Kilojoule 920, Eiweiß/g 2, Kohlenhydrate/g 8, Fett/g 19, Ballaststoffe/g 3

Wie wir den Salat, so bereiten indische Hausfrauen täglich ein frisches Chutney zu. Die Chilischoten geben der Sauce die Schärfe. Wer es milder mag, nimmt stattdessen nur 1 Messerspitze Cayennepfeffer. Reste halten sich im Kühlschrank 2 bis 3 Tage.

Frisches Mango-Chutney

einfach, braucht Zeit
2 Portionen

- 150 g Sultaninen
- 2 feste Mangos
- 1 grüne Paprikaschote
- 3 frische rote Chilischoten
- 1 nussgroßes Stück frischer Ingwer
- 2 Knoblauchzehen
- 1 Hand voll Korianderblätter oder glatte Petersilie
- 1 TL Salz
- 1/8 l Limettensaft

Die Sultaninen in einer Schüssel mit lauwarmem Wasser bedeckt einweichen.

Die Mangos schälen, vom Kern schneiden und würfeln. Die Paprikaschote waschen, halbieren, entkernen und die Trennhäute entfernen. Die Paprikahälften in Quadrate schneiden. Die Chilischoten waschen, putzen, entkernen und in Streifen schneiden. Den Ingwer schälen und in dünne Scheiben schneiden. Den Knoblauch abziehen und grob hacken.

Die Sultaninen in einem Sieb abtropfen lassen. Zusammen mit den vorbereiteten Zutaten und den Korianderblättern fein hacken, bis alles klein und gut vermischt ist.

Das Salz darüber streuen und nochmals gründlich durchhacken. Dann in einer Schüssel mit dem Limettensaft verrühren.

Schmeckt zu Rind, Schwein, Lamm, zu Geflügel, gebratenem Fisch und zur kalten Platte.

Variation

Statt Mangos unreife Papayas, statt Knoblauch Zwiebeln verwenden. Tomaten oder geraspelte frische Kokosnuss untermischen.

Nährwerte insgesamt
Kilokalorien 860, Kilojoule 3610, Eiweiß/g 8, Kohlenhydrate/g 188, Fett/g 3, Ballaststoffe/g 21,7

TIPP

Mit etwas Knoblauch würzen. 2 Stängel Basilikum mitkochen und vor dem Servieren entfernen.

Tomatenconcassé

einfach, Blitzrezept, zum Einfrieren
4 Portionen

- 800 g sehr reife Eier- oder Fleischtomaten
- 1 kleine Zwiebel
- 2 EL Öl
- 2 EL Tomatenmark
- 1 Prise Zucker
- Salz
- frisch gemahlener Pfeffer

Die Tomaten unten kreuzweise einschneiden, im kochenden Wasser brühen, kalt abschrecken und häuten. Dann die Früchte waagrecht halbieren und die Segmente mit einem Teelöffel entkernen. Das Tomatenfleisch grob hacken.

Die Zwiebel abziehen und sehr fein hacken.

Das Öl in einer Pfanne erhitzen, die Zwiebel darin glasig dünsten und das Tomatenfleisch zugeben. Das Tomatenmark einrühren, mit Zucker und etwas Salz würzen. Das Tomatenconcassé bei mittlerer Hitze musig einkochen lassen und zuletzt mit Salz und Pfeffer abschmecken.

Dieses Tomatenmus kann heiß oder kalt gereicht werden.

Nährwerte pro Portion
Kilokalorien 150, Kilojoule 630, Eiweiß/g 5, Kohlenhydrate/g 17, Fett/g 7, Ballaststoffe/g 2,2

Piperade à la basquaise

einfach, Blitzrezept, zum Einfrieren
4 Portionen

- 1 rote Paprikaschote
- 1 grüne Paprikaschote
- 200 g große Strauchtomaten oder vollreife Eiertomaten
- 1 Zwiebel
- 1–2 Knoblauchzehen
- 100 ml Olivenöl
- Salz
- frisch gemahlener schwarzer Pfeffer
- 1 Zweig Rosmarin

Die Paprikaschoten putzen, entkernen, waschen und in Würfel schneiden. Die Tomaten kurz in kochendem Wasser blanchieren, häuten, halbieren und die Kerne entfernen. Das Tomatenfleisch würfeln. Die Zwiebel und die Knoblauchzehe abziehen und grob hacken.

Das Olivenöl in einer Kasserolle erhitzen und Zwiebel und Knoblauch darin anschwitzen. Dann die Paprikaschoten und die Tomaten zugeben, mit Salz und Pfeffer würzen und den Rosmarin einlegen. Das Gemüse im offenen Topf bei guter Mittelhitze etwa 10 Minuten kräftig durchkochen.

Nährwerte pro Portion
Kilokalorien 250, Kilojoule 1060, Eiweiß/g 1, Kohlenhydrate/g 3, Fett/g 25, Ballaststoffe/g 2,1

Piperade à la basquaise schmeckt warm und kalt zu gebratenem Fleisch oder Fisch. Man kann sie in Eierkuchen füllen und mit Käse überbacken.

TIPP

Gleich eine größere Menge zubereiten. Die Schoten samt Knoblauch in Gläser füllen und mit Öl bedecken.

Eingelegte Paprikaschoten

1 Tag marinieren

einfach, braucht Zeit
4 Portionen

- 4 große rote Paprikaschoten
- 1/8 l Essig
- 1 EL Salz
- frisch gemahlener schwarzer Pfeffer
- 4 Knoblauchzehen
- 200 ml Olivenöl

Den Backofen auf 180 °C vorheizen. Die Schoten auf ein Backblech legen und etwa 15 Minuten im Ofen rösten, dabei gelegentlich wenden. Die rundum gerösteten Paprikaschoten in ein kaltes, feuchtes Tuch wickeln und 5 Minuten liegen lassen. Dann die verkohlte Schale mit dem Tuch abreiben und Schalenreste abzupfen. Danach erst die Stiele mit den Kernen herausziehen.

Essig, 1/8 l Wasser, Salz und Pfeffer in einer weiten Schüssel schlagen, bis sich das Salz aufgelöst hat. Die Paprikaschoten einlegen, in der Marinade wenden und in der zugedeckten Schüssel 2 bis 3 Stunden marinieren. Währenddessen die Paprikaschoten einige Male wenden.

Die Knoblauchzehen abziehen und quer in dünne Scheiben schneiden. Die Paprikaschoten aus der Marinade heben, abtropfen lassen und in eine tiefe Platte legen. Mit dem Knoblauch gut vermischen und mit dem Olivenöl übergießen. Die Platte mit Frischhaltefolie abdecken und die Schoten im Kühlschrank über Nacht ziehen lassen.

Die eingelegten Paprikaschoten mit Käse, Oliven und Brot als kleinen Imbiss reichen oder als Beilage zu Hackfleischgerichten und Grilladen.

Nährwerte pro Portion
Kilokalorien 270, Kilojoule 1130, Eiweiß/g 2, Kohlenhydrate/g 6, Fett/g 25, Ballaststoffe/g 6,1

Peperonata soll musig sein. Sie schmeckt kalt zu Fleisch, Fisch, Nudeln oder Reis, ist aber auch eine vorzügliche Würzzutat für Suppen, Eintöpfe und Schmorgerichte. Fest verschlossen hält sie sich etwa 1 Woche, Sie können sie aber auch einfrieren – bereiten Sie also gleich eine größere Menge zu.

Peperonata

einfach, braucht Zeit, zum Einfrieren
8 Portionen

- 500 g Zwiebeln
- 4 Knoblauchzehen
- 4 rote Chilischoten
- 2 kg feste, rote Paprikaschoten
- 1 kg Fleischtomaten
- 6 Lorbeerblätter
- 1/8 l Olivenöl
- Salz
- frisch gemahlener schwarzer Pfeffer
- 4 EL Tomatenmark

Die Zwiebeln abziehen und würfeln, den Knoblauch durch die Presse drücken. Chilischoten putzen, aufschlitzen und die kleinen Kerne sorgfältig entfernen, die Schoten klein würfeln. Paprikaschoten putzen, waschen und in gleichmäßige Stücke schneiden, die Tomaten brühen, häuten, entkernen und grob hacken.

Das Öl erhitzen, Zwiebeln, Knoblauch, Chili und die Lorbeerblätter darin unter Rühren anschwitzen.

Paprika einrühren, salzen und pfeffern und etwa 5 Minuten unter Wenden braten.

Die Tomaten zugeben und das Tomatenmark einrühren, dann zugedeckt bei milder Hitze etwa 30 Minuten schmoren. Pikant abschmecken.

Kurz vor Ende der Garzeit können Kräuter wie Thymian, Oregano oder Basilikum zugegeben werden.

Nährwerte pro Portion
Kilokalorien 210, Kilojoule 900, Eiweiß/g 6, Kohlenhydrate/g 13, Fett/g 18, Ballaststoffe/g 10

Auberginen alla parmigiana

einfach
4 Portionen

- 1 kg Auberginen
- Salz
- 1/8 l Olivenöl
- Fett für die Form
- 1 kg Tomaten
- 1 große Zwiebel
- 2 Knoblauchzehen
- frisch gemahlener Pfeffer
- 1 Bund Basilikum
- 3 Mozzarella-Kugeln
- 50 g geriebener Parmesan

- 1 flache feuerfeste Form von 1,5 l Inhalt

Die Auberginen in Scheiben schneiden, mit Salz bestreuen und 1 Stunde ziehen lassen. Dann abspülen und mit Küchenpapier trockentupfen. Die Auberginenscheiben in der Hälfte des Öls ausbacken und auf Küchenpapier abtropfen lassen. Die Form fetten.

Die Tomaten mit heißem Wasser überbrühen, häuten, die Kerne entfernen und das Fleisch klein schneiden. Zwiebel und Knoblauchzehen abziehen, fein würfeln und in Öl glasig dünsten.

Mit den Tomaten zu einer dicken Sauce einkochen lassen. Salzen und pfeffern.

Das Basilikum hacken und die Mozzarella-Kugeln in Scheiben schneiden. Abwechselnd Auberginen, Basilikum, Sauce, geriebenen Parmesan und Mozzarella-Käse in die Form füllen.

Im vorgeheizten Backofen bei 200 °C 30 Minuten backen. Der Auflauf kann auch kalt gegessen werden.

Folgende weitere Gemüse können als Auflauf „alla parmigiana“ zubereitet werden: Zucchini, Blumenkohl, Brokkoli, Kartoffeln, Spargel, Stangensellerie.

Nährwerte pro Portion
Kilokalorien 750, Kilojoule 3150, Eiweiß/g 31, Kohlenhydrate/g 17, Fett/g 58, Ballaststoffe/g 8

Ratatouille

einfach, zum Einfrieren
4 Portionen

- 150 g Gemüsezwiebeln
- 300 g Auberginen
- 1 kleine rote Paprikaschote
- 1 kleine gelbe Paprikaschote
- 300 g Zucchini
- 300 g Tomaten
- 2 Knoblauchzehen
- 3 EL Olivenöl
- 1 EL Tomatenmark
- Salz
- frisch gemahlener Pfeffer
- 1 TL getrocknete provenzalische Kräuter oder Thymian, Rosmarin und Basilikum, gemischt

Die Zwiebeln abziehen und grob hacken. Das Gemüse putzen, die Paprikaschoten entkernen. Das Gemüse waschen und in gleichmäßig große Würfel schneiden.

Die Knoblauchzehen abziehen und fein hacken.

Das Olivenöl in einem Topf erhitzen und die Auberginenwürfel darin scharf anbraten. Die Hitze reduzieren und die Zwiebeln zugeben. Wenn sie glasig sind, die Gemüsewürfel bis auf die Tomaten untermischen und kurz mitdünsten. Dann die Tomatenstücke, den Knoblauch, das Tomatenmark, Salz, Pfeffer und die Kräuter zufügen.

Das Gemüse im halb geschlossenen Topf bei kleiner Hitze 25 Minuten köcheln lassen, dabei gelegentlich umrühren. Das Gemüse soll weich werden, aber nicht zerfallen.

Nährwerte pro Portion
Kilokalorien 150, Kilojoule 620, Eiweiß/g 4, Kohlenhydrate/g 10, Fett/g 10, Ballaststoffe/g 5,1

Eine ideale Beilage zu gebratenem Lamm oder Fisch.

Gemüsegrill

einfach
4 Portionen

- 10 Schaschlikzwiebeln (Grillzwiebeln oder Schalotten)
- 8 dünne Scheiben Frühstücksspeck
- 2 große Kartoffeln
- 1 Aubergine
- 2 Zucchini
- 1 rote und 1 gelbe Paprikaschote
- 4 EL Knoblauchöl
- Saft von 1/2 Zitrone
- 1 TL getrockneter Thymian
- grobes Meersalz

Die Zwiebeln abziehen und 2 Minuten in reichlich kochendem Wasser blanchieren. Abgießen, in kaltem Wasser abschrecken und gut abtropfen lassen.

Die Speckscheiben quer halbieren und zu Röllchen drehen. Zwiebeln und Speckröllchen abwechselnd auf 2 Spieße stecken.

Die Kartoffeln waschen, bürsten, trocknen und samt der Schale der Länge nach in etwa 1 cm dicke Scheiben schneiden. Aubergine und Zucchini waschen, putzen, trocknen und diagonal in Scheiben schneiden. Die Aubergine fingerdick, die Zucchini in etwa 3 cm dicke Stücke schneiden. Die Paprikaschoten waschen, putzen, trocknen und je nach Größe in Drittel oder Viertel schneiden.

Die Spieße und alle Gemüsestücke mit Knoblauchöl bestreichen. Das restliche Knoblauchöl mit Zitronensaft und Thymian verrühren.

Alle Zutaten auf dem Grill bei mittlerer Hitze 8 bis 10 Minuten grillen und dabei mehrmals wenden.

Den Gemüsegrill auf einer großen Platte anrichten, mit der Marinade beträufeln und mit grobem Meersalz bestreuen.

Nährwerte pro Portion
Kilokalorien 230, Kilojoule 950, Eiweiß/g 8, Kohlenhydrate/g 31, Fett/g 7, Ballaststoffe/g 11

TIPP

Nicht jeder Magen verträgt die zähe Haut der Paprika. Da hilft entweder kurzes Blanchieren der Paprikastücke. Danach lässt sich die Haut abziehen. Oder Sie schälen die Schoten mit dem Sparschäler. Dazu müssen sie allerdings sehr fest sein.

Kürbisgemüse mit gefüllten Blüten

braucht Zeit
4 Portionen

- 500 g Kürbisfleisch
- Salz
- Zucker
- Saft von 1/2 Zitrone
- 300 g Fleischtomaten
- 200 g Zwiebeln
- 2 EL Butter
- frisch gemahlener schwarzer Pfeffer
- frisch geriebene Muskatnuss
- etwa 2 EL Essig
- 1 Bund Dill
- 8–12 Kürbisblüten
- 250 g Sahnequark
- 2 Eigelb
- 1 EL geriebener Parmesan
- 1/2 unbehandelte Zitrone
- 1 Bund glatte Petersilie

Das Kürbisfleisch in nicht zu kleine Würfel schneiden. In einem Topf mit Wasser bedecken, leicht salzen und zuckern und den Zitronensaft zugeben.

Den Kürbis bei halb geschlossenem Deckel bissfest kochen. Die Garzeit ist je nach Sorte sehr unterschiedlich. Zarte Kürbisse nach 5 Minuten zur Garprobe anstechen. Das gegarte Gemüse in einem Sieb gut abtropfen lassen.

Die Fleischtomaten brühen, häuten, aufschneiden, entkernen und das Fruchtfleisch würfeln.

Die Zwiebeln abziehen, halbieren und in feine Scheiben schneiden. 2 Esslöffel Butter in einem Topf zerlassen, die Zwiebeln darin andünsten. Kürbisfleisch und Tomaten zugeben, salzen, pfeffern und frische Muskatnuss reichlich darüber reiben. Das Gemüse ab und zu vorsichtig wenden und auf mittlerer Hitze dünsten, bis die Tomaten gar sind. Dann mit Essig nicht zu sauer abschmecken.

Den Dill waschen, trockentupfen, von groben Stielen befreien, fein hacken und einrühren. Das Kürbisgemüse bis zum Servieren warm halten.

Die Kürbisblüten möglichst nicht waschen, aber öffnen, um Verunreinigungen aus dem Inneren entfernen zu können. Die Stempel mit einer kleinen spitzen Schere herausschneiden.

Den Sahnequark in einem Passiertuch ausdrücken und gut abtropfen lassen. Mit Eigelb, Parmesan, Salz, Pfeffer und der abgeriebenen Zitronenschale glatt rühren. Die Petersilie waschen, trockentupfen, die Blättchen fein hacken und in den Quark mischen.

Ein Wasserbad mit Dämpfaufsatz vorbereiten und das Sieb im Einsatz buttern.

Den Quark in einen Dressiersack oder eine Sahnespritze füllen und durch eine große Lochtülle in die Kürbisblüten drücken. Jede Blüte nur zu 3/4 füllen, die Blattspitzen über dem Quark zusammendrehen.

Gefüllte Kürbisblüten in den Dämpfeinsatz legen und über das kochende Wasser setzen. Deckel schließen und je nach Größe der Blüten 5 bis 7 Minuten dämpfen. Eventuell vorher 1 Blüte zur Probe dämpfen, die Quarkfüllung soll luftig, aber fest sein.

Das Kürbisgemüse mit 2 bis 3 gefüllten Blüten portionsweise anrichten.

Nährwerte pro Portion
Kilokalorien 260, Kilojoule 1100, Eiweiß/g 19, Kohlenhydrate/g 11, Fett/g 19, Ballaststoffe/g 4

4 Teller vorwärmen, das Möhrenpüree ringförmig darauf geben und mit der Tomatensauce ausgießen. Je 3 bis 4 gebratene Kürbisblüten auf den Saucenspiegel legen und das Gericht sofort servieren.

Gebratene Kürbisblüten

einfach, braucht Zeit
4 Portionen

Gemüsepürees
- 200 g Möhren
- Salz
- Zucker
- 4 EL Schlagsahne
- frisch gemahlener weißer Pfeffer
- 200 g Tomaten
- 2 EL Sherryessig
- 9 EL Olivenöl

- 12–16 Kürbisblüten, je nach Größe

Füllung
- 1 Zwiebel
- 1 Zweig Rosmarin
- 60 g Butter
- 150 g rohe Bratwurstfüllung
- 100 g gekochter Schinken
- 2 Eier
- 3 EL geriebener Parmesan

- Butter zum Braten

Die Möhren putzen, schälen, zerkleinern und in wenig Salzwasser mit 1 Prise Zucker weich kochen. Abgießen und im Mixer mit der Sahne pürieren, mit Pfeffer abschmecken und bis zum Gebrauch im Wasserbad warm halten.

Die Tomaten brühen, häuten, entkernen und grob würfeln. Mit Salz, Pfeffer, 2 Esslöffeln Sherryessig und dem Olivenöl pürieren, bis eine cremige Sauce entsteht. Mit noch etwas Essig würzig abschmecken. Das Möhrenpüree soll dicker als die Tomatensauce sein.

Die Kürbisblüten mit einem Pinsel reinigen und die Stempel abschneiden.

Für die Füllung die Zwiebel abziehen. Die Rosmarinnadeln vom Zweig streifen und mit der Zwiebel fein hacken.

Die Butter zerlassen und Zwiebel und Rosmarin darin glasig dünsten. Die zerdrückte Wurstfüllung einrühren und wenige Minuten garen.

Inzwischen den Schinken fein hacken. Die Wurstmischung vom Herd nehmen, den Schinken einrühren und die Masse abkühlen lassen.

Die Eier trennen und das Eigelb und den Parmesan in die Masse rühren. Das Eiweiß steif schlagen und den Schnee unter die Füllung ziehen.

Einen Spritzbeutel mit weiter Lochtülle füllen und die Masse in die Kürbisblüten spritzen. Jede Blüte gut zur Hälfte füllen und die Blattspitzen darüber zusammendrehen.

Butter in einer weiten Pfanne aufschäumen lassen und die gefüllten Kürbisblüten darin bei mittlerer Hitze etwa 5 Minuten goldgelb braten.

Nährwerte pro Portion
Kilokalorien 690, Kilojoule 2910, Eiweiß/g 18, Kohlenhydrate/g 6, Fett/g 67, Ballaststoffe/g 2,8

Gratinierte Zucchiniblüten

einfach
2 Portionen

- 6 kleine Zucchini mit Blüten
- Salz

Füllung
- 1 EL gemahlene Mandeln
- 20 g frische Weißbrotkrume
- 1/2 Bund glatte Petersilie
- 2 Zweige Basilikum
- 100 g Sahnequark
- Salz
- frisch gemahlener Pfeffer
- 1 Prise frisch geriebene Muskatnuss
- geriebene Schale von 1/2 Zitrone
- 30 g geriebener Parmesan
- 2 Eiweiß

- 2 EL Knoblauchöl
- 1 EL Butter

Zucchini und Blüten mit Küchenpapier und Pinsel reinigen, nur waschen, falls unbedingt nötig. Die Stempel aus den Blüten schneiden. Die Zucchini der Länge nach fächerartig einschneiden, leicht salzen und Wasser ziehen lassen.

Die gemahlenen Mandeln in einer trockenen heißen Pfanne goldbraun rösten. Die Weißbrotkrume zerbröseln. Die Kräuter waschen, trockentupfen und die Blätter fein hacken.

Den Sahnequark mit Salz, Pfeffer und Muskatnuss verrühren, Mandeln, Weißbrot, Kräuter, Zitronenschale und Parmesan untermischen. Das Eiweiß sehr steif schlagen und unter die Quarkmasse heben. Das Salzwasser von den Zucchini gründlich abwischen. Die Quarkmasse in einen Spritzbeutel mit Lochtülle füllen. Jede Zucchiniblüte gut zur Hälfte mit Quark füllen und die Blütenspitzen darüber zusammendrehen.

2 ofenfeste Teller mit Knoblauchöl bestreichen, je 3 gefüllte Zucchini darauf legen und mit Butterflöckchen besetzen.

Den Backofen auf 220 °C mit Umluft vorheizen. Die Teller auf den kalten Rost stellen und auf der mittleren Schiene in den Backofen geben. Die Zucchini 10 Minuten gratinieren, dann mit grob gemahlenem Pfeffer bestreuen und sofort servieren.

Nährwerte pro Portion
Kilokalorien 380, Kilojoule 1600, Eiweiß/g 19, Kohlenhydrate/g 11, Fett/g 29, Ballaststoffe/g 3,2

ROERO ARNEIS

Paprikasalat mit gebratener Hühnerbrust

einfach, Blitzrezept
4 Portionen

- 4 Hühnerbrustfilets
- 1 Knoblauchzehe
- 1/2 TL Delikatess-Paprikapulver
- Salz
- frisch gemahlener schwarzer Pfeffer
- 4 EL Öl

- 3 kleine feste Paprikaschoten (grün, rot, gelb)
- 1 Prise Zucker
- 3 EL Estragon- oder Sherryessig
- Saft von 1/2 Zitrone
- 8 EL Olivenöl
- 1 kleine Dose Maiskörner
- 12 schwarze Oliven

Die Hühnerbrüste waschen, trockentupfen und alle Häutchen ablösen. Die Knoblauchzehe abziehen und pressen, mit Paprikapulver, 1 Messerspitze Salz, Pfeffer und 2 Esslöffeln Öl verrühren. Die Hühnerbrüste mit der Marinade bestreichen. Das restliche Öl in eine beschichtete Pfanne geben und die Hühnerbrüste bei mittlerer Hitze rundherum 10 Minuten braten. Dann in der Pfanne etwas abkühlen lassen.

Die Paprikaschoten waschen und im Ganzen von der Spitze her hobeln, bis die Öffnung groß genug ist, um die Schoten auszuhöhlen. Die Schoten bis zum Stielansatz auf dem Gurkenhobel fein aufschneiden, dabei jede Farbe getrennt halten.

1/2 Teelöffel Salz, Pfeffer und 1 Prise Zucker mit Essig und Zitronensaft verrühren und mit dem Olivenöl sämig aufschlagen. Die Paprikasalate nacheinander in der Vinaigrette wenden und auf einer großen Platte anrichten.

Die Hühnerbrüste quer in dünne Scheiben aufschneiden. Die Geflügelscheiben zwischen den Paprikasalaten anrichten. Die Maiskörner abtropfen lassen, durch die Marinade ziehen und über den Salat streuen. Mit den Oliven garnieren und die restliche Marinade über die Hühnerbrüste träufeln.

Nährwerte pro Portion
Kilokalorien 510, Kilojoule 2120, Eiweiß/g 33, Kohlenhydrate/g 14, Fett/g 35, Ballaststoffe/g 5,5

Gebackene Gemüse

einfach, braucht Zeit, zum Einfrieren
4 Portionen

Tomatenmus
- 6 mittelgroße Strauchtomaten
- 1 kleine Zwiebel
- 1 Knoblauchzehe
- 2 EL Olivenöl
- 1/2 TL Salz
- 1 Prise Zucker
- frisch gemahlener schwarzer Pfeffer
- 1 EL Tomatenmark

Hackfleischfüllung
- 300 g gemischtes Hackfleisch
- 1 Ei
- 1 TL mittelscharfer Senf
- 1 EL Sojasauce
- 2 EL Semmelbrösel
- 1/2 TL Salz
- frisch gemahlener schwarzer Pfeffer
- 1/2 TL Delikatess-Paprikapulver
- 1 Zwiebel
- 1 Knoblauchzehe
- 1/2 Bund glatte Petersilie
- je 1/2 TL getrockneter Oregano und Thymian
- 40 g Edamer oder Gouda am Stück
- 1 EL Pinienkerne

Käsefüllung
- 1 Ei
- 2 Frühlingszwiebeln
- 1 Knoblauchzehe
- 1 kleine rote Chilischote
- 1/2 Bund glatte Petersilie
- 250 g Frischkäse
- 2 EL grob gehackte Walnüsse
- Salz
- frisch gemahlener Pfeffer

Gemüse
- 1 große Aubergine
- 4 Zucchini (grüne und gelbe)
- 2 Fleischtomaten
- 4 EL Öl

Zum Garnieren
- einige Mini-Auberginen
- eingelegte Peperoni in verschiedenen Farben
- eingelegte Knoblauchzehen

Für das Tomatenmus die Tomaten brühen, häuten, waagrecht halbieren und entkernen. Das Tomatenfleisch würfeln. Die Zwiebel und die Knoblauchzehe abziehen und fein hacken. Das Olivenöl in einer Pfanne erhitzen, Zwiebel und Knoblauch kurz andünsten und die Tomaten zugeben. Mit Salz, Zucker und Pfeffer würzen und das Tomatenmark einrühren. Die Tomaten bei mittlerer Hitze so lange garen und wenden, bis die Flüssigkeit weitgehend verdampft ist. Dann noch einmal abschmecken.

Für die Hackfleischfüllung das Hackfleisch mit Ei, Senf, Sojasauce und Semmelbröseln verrühren. Mit Salz, Pfeffer und Paprikapulver abschmecken. Zwiebel und Knoblauch abziehen und hacken. Die Petersilie waschen, trockentupfen und die Blätter hacken. Zwiebel, Knoblauch, Petersilie und die getrockneten Kräuter zu dem Fleischteig geben und durchkneten. Den Käse in kleine Würfel schneiden. Die Pinienkerne in einem trockenen, heißen Pfännchen goldbraun rösten. Den Fleischteig teilen und in eine Hälfte Käse und Pinienkerne mischen.

Für die Käsefüllung das Ei trennen. Die Frühlingszwiebeln putzen, waschen und fein hacken. Die Knoblauchzehe abziehen und ebenfalls fein hacken. Die Chilischote putzen, aufschlitzen, entkernen und sehr fein hacken. Die Petersilie waschen, trockentupfen und die Blätter fein hacken. Den Frischkäse mit dem Eigelb, den vorbereiteten Zutaten und den gehackten Walnusskernen verrühren und mit Salz und Pfeffer abschmecken. Vor dem Füllen der Gemüse das Eiweiß zu steifem Schnee schlagen und unter die Käsemasse ziehen.

Die Aubergine waschen, putzen, der Länge nach halbieren und mit einem Teelöffel aushöhlen. Innen mit Salz und Pfeffer würzen und den Fleischteig mit Käse und Pinienkernen einfüllen.

2 Zucchini waschen, putzen und in möglichst gleichmäßige Stücke von 5 cm Länge schneiden. Die Zucchinistücke mit einem Kernhausausstecher aushöhlen und anschließend mit der einfachen Hackfleischmischung füllen.

Die anderen beiden Zucchini waschen, putzen, der Länge nach halbieren und die Kerne auskratzen.

Die Fleischtomaten waschen, waagrecht halbieren und mit einem Teelöffel aushöhlen. Tomaten und Zucchini innen leicht salzen und pfeffern und die Käsefüllung hineingeben.

Den Backofen auf 180 °C vorheizen. In der Fettpfanne das Öl erhitzen und zuerst die gefüllten Auberginenhälften hineinsetzen. Nach 10 Minuten die Zucchini zugeben und nach weiteren 10 Minuten die Tomaten. Dann 1/8 l heißes Wasser angießen, sonst verbrennen die Gemüse am Boden, ohne ganz durchzugaren. Wenn die Tomaten im Backofen sind, brauchen die Gemüse insgesamt noch 20 Minuten. Während dieser Zeit 1- bis 2-mal heißes Wasser nachgießen.

Zum Servieren eine große Platte mit dem Tomatenmus ausgießen und die gebackenen Gemüse darauf setzen.

Zur Garnierung können Mini-Auberginen gefächert, gesalzen und mit Knoblauchöl goldbraun gebraten werden. Hübsch sind eingelegte Peperoni und Knoblauchzehen, die man bunt über die Platte streut.

Anmerkung

Je nach Größe der Gemüse kann die Füllung zu viel oder zu wenig sein. Übrige Zucchini z. B. schmecken auch in Scheiben geschnitten, gut gewürzt und kross gebraten.

Nährwerte pro Portion
Kilokalorien 770, Kilojoule 3250, Eiweiß/g 35, Kohlenhydrate/g 19, Fett/g 62, Ballaststoffe/g 7,9

Die Frühlingszwiebeln putzen und den Wurzelansatz abschneiden. Die Zwiebeln sollen mit Grün etwa 6 cm lang sein. Vom weißen Ende her 2- bis 3-mal über Kreuz einschneiden und in eiskaltes Wasser legen. So öffnen sie sich zu einer Blütenform.

Bunte Salatplatte

einfach
4 Portionen

- 2 Bund Frühlingszwiebeln
- 1 Knoblauchzehe
- 1/2 Salatgurke
- Salz
- je 2 gelbe und rote Eiertomaten
- je 4 gelbe und rote Cocktailtomaten
- frisch gemahlener schwarzer Pfeffer
- 1 TL mittelscharfer Senf
- 3 EL milder Weinessig
- 6 EL Olivenöl
- 250 g Fetakäse
- 50 g Radieschensprossen

Alle Frühlingszwiebeln putzen und waschen. 2 Frühlingszwiebeln beiseite legen, die anderen nach nebenstehender Anleitung zu Blüten schneiden.

Die Knoblauchzehe abziehen und mit den restlichen 2 Frühlingszwiebeln sehr fein hacken.

Die Salatgurke gründlich waschen, der Länge nach halbieren und die Kerne auskratzen. Die Gurke fein hobeln und leicht salzen.

Alle Tomaten waschen, die Eiertomaten in Scheiben schneiden und die Cocktailtomaten halbieren. Schwach salzen und pfeffern.

1 Prise Salz mit Pfeffer, Senf und Weinessig verrühren und mit dem Olivenöl sämig aufschlagen.

Die abgetropften Gurkenscheiben durch die Marinade ziehen und in die Mitte einer Platte häufen. Die Tomaten mit der Marinade anmachen und als Kranz um die Gurken anrichten. Mit den gehackten Frühlingszwiebeln und Knoblauch bestreuen.

Den Fetakäse mit 2 Gabeln in unregelmäßige Würfel teilen, pfeffern und zum Salat legen. Die Radieschensprossen verlesen und um den Tellerrand streuen. Zuletzt die Zwiebelblüten gut abtropfen lassen und die bunte Salatplatte damit garnieren.

Nährwerte pro Portion
Kilokalorien 350, Kilojoule 1470, Eiweiß/g 13, Kohlenhydrate/g 7, Fett/g 30, Ballaststoffe/g 2,6

Auberginenpäckchen

einfach, braucht Zeit
4 Portionen

- 3 große Auberginen
- Salz
- Öl zum Braten
- 50 g Mortadella am Stück
- 50 g geriebener Parmesan
- 2 Eier
- 50 g Bratwurstfülle (Brät)
- 150 g Rinderhack
- 1 Bund glatte Petersilie
- 1 Knoblauchzehe
- frisch gemahlener schwarzer Pfeffer
- 1 große Zwiebel
- 4 EL Olivenöl
- 1/8 l Rotwein
- 1 Paket passierte Tomaten, 400 g
- 1 Prise geriebene Muskatnuss
- 150 g entsteinte grüne Oliven

Die Auberginen putzen und der Länge nach in etwa 1 cm dicke Scheiben schneiden. Mit Salz bestreuen, kurz ziehen lassen und anschließend gut trocknen. Die Scheiben in reichlich erhitztem Öl auf beiden Seiten goldgelb backen. Herausheben und auf Küchenpapier gründlich abtropfen lassen.

Die Mortadella klein würfeln, mit Parmesan, Eiern, Bratwurstfülle und dem Rinderhack in eine Schüssel geben. Die Petersilie waschen und hacken, den Knoblauch abziehen und durchpressen, beides dazugeben. Zu einem gleichmäßigen Fleischteig vermengen, mit Salz und Pfeffer abschmecken.

Je 2 Auberginenscheiben über Kreuz auf die Arbeitsfläche legen. Ein Häufchen Füllung in die Mitte setzen und die Scheiben wie ein Bündel darüber schließen. Jedes Päckchen mit einem Zahnstocher zustecken.

Die Zwiebel abziehen und klein würfeln. Im Olivenöl in einem Topf glasig werden lassen. Mit dem Rotwein und den Tomaten ablöschen. Mit Salz, Pfeffer und Muskat würzen. Die Auberginenpäckchen hineinlegen. Die Oliven vierteln und dazugeben. Zugedeckt bei schwacher Hitze etwa 30 Minuten schmoren. Wenn die Sauce sehr flüssig ist, 10 Minuten vor Ende der Garzeit den Deckel abnehmen.

Nährwerte pro Portion
Kilokalorien 690, Kilojoule 2900, Eiweiß/g 26, Kohlenhydrate/g 15, Fett/g 54, Ballaststoffe/g 7,7

Gefüllte Paprikaschoten, frittiert

einfach, braucht Zeit
4 Portionen

- 100 g Reis
- Salz
- 1 Zwiebel
- 2 Knoblauchzehen
- 1 Bund Koriandergrün oder glatte Petersilie
- 2 frische rote Chilischoten
- 300 g gemischtes Hackfleisch
- frisch gemahlener schwarzer Pfeffer
- 2 EL Rosinen
- 2 EL Pinienkerne
- 1 großes Ei

- 8 Schoten von spitzen gelben Gemüsepaprika oder einer anderen milden Sorte

Bierteig
- 300 g Mehl
- 1 TL Salz
- 300 ml Bier
- 2 Eier

- 1,5 kg Frittierfett

Den Reis in Salzwasser 20 Minuten weich kochen und abgießen.

Die Zwiebel und die Knoblauchzehen abziehen und sehr fein hacken. Das Koriandergrün waschen, trockentupfen, die Blättchen abzupfen und ebenfalls fein hacken. Die Chilischoten halbieren, entkernen und fein hacken.

Das Hackfleisch mit dem Reis und den anderen vorbereiteten Zutaten vermischen, salzen, pfeffern, grob gehackte Rosinen, ganze Pinienkerne und das Ei zugeben und die Masse gründlich durchmengen.

Den Stielansatz aus den Paprikaschoten herausschneiden und die Schoten vorsichtig entkernen. Die Hackfleischmischung in die Schoten füllen und mit einem Kochlöffelstiel bis in die Spitze hineindrücken.

Für den Bierteig Mehl, Salz, Bier und das Eigelb verrühren. Das Eiweiß steif schlagen und unter den Teig ziehen.

Das Frittierfett in der Fritteuse oder in einem großen schweren Topf auf 175 °C erhitzen. Ohne Thermometer: Ein Weißbrotwürfel muss in 1 Minute goldbraun sein.

Die gefüllten Paprikaschoten mit einer Gabel aufnehmen und gründlich durch den Bierteig ziehen. Sofort in das heiße Frittierfett legen und 10 Minuten lang ausbacken. Nicht mehr als 2 Schoten auf einmal in die Fritteuse geben. Fertige Paprikaschoten im Backofen warm halten.

Die frittierten Paprikaschoten möglichst heiß mit gewürztem Tomatenconcassé (siehe Seite 48) servieren.

Nährwerte pro Portion
Kilokalorien 630, Kilojoule 2650, Eiweiß/g 37, Kohlenhydrate/g 24, Fett/g 39, Ballaststoffe/g 5

Gefüllte Schmorgurken

einfach, braucht Zeit
4 Portionen

- 1 altbackenes Brötchen
- 2 Schmorgurken à 400 g
- 1 große Zwiebel
- 100 g Frühstücksspeck am Stück
- 1 Bund glatte Petersilie
- 2 EL Butter
- 400 g Rinderhackfleisch
- 1 Ei
- 1 Eigelb
- Salz
- frisch gemahlener Pfeffer
- 1 TL Majoran
- 1 TL Liebstöckel
- 2 EL Butterschmalz
- 1/8 l Brühe
- 200 g Schmand
- Zucker
- 1/2 Bund Dill

Das Brötchen in dünne Scheiben schneiden und in etwas heißem Wasser 15 Minuten quellen lassen.

Die Schmorgurken waschen, schälen, der Länge nach halbieren und die Kerne mit einem Löffel herauskratzen. Das Fruchtfleisch bis auf einen 1 cm dicken Rand auslösen und in kleine Würfel schneiden.

Die Zwiebel abziehen und grob hacken.

Den Frühstücksspeck in feine Streifen schneiden.

Die Petersilie waschen, trockenschütteln und hacken.

In einer tiefen Pfanne die Butter erhitzen. Den Speck darin auslassen. Die Gurkenwürfel zufügen und braun anbraten. Zwiebel und Petersilie unterrühren und einige Minuten mitdünsten. Vom Herd nehmen und abkühlen lassen.

Das Hackfleisch in einer Schüssel mit dem ausgedrückten Brötchen, dem Ei und dem Eigelb sowie der Zwiebel-Speck-Masse vermischen. Mit Salz, Pfeffer, Majoran und Liebstöckel kräftig würzen. Die Füllung in die 4 Schmorgurkenhälften verteilen.

Das Butterschmalz in einer Auflaufform erhitzen. Die gefüllten Schmorgurken nebeneinander in die Form stellen und kurz anbraten. Mit der Brühe ablöschen und die Form mit Alufolie abdecken.

Im vorgeheizten Backofen bei 200 °C auf der mittleren Schiene ca. 30 Minuten schmoren.

Die Schmorgurken herausheben und warm stellen. Den Schmand in den Bratenfond rühren und etwas einkochen lassen. Die Sauce mit Zucker, Salz und Pfeffer abschmecken.

Den Dill waschen, trockenschütteln, fein hacken und vor dem Servieren in die Sauce rühren.

Nährwerte pro Portion
Kilokalorien 730, Kilojoule 3070, Eiweiß/g 30, Kohlenhydrate/g 12, Fett/g 59, Ballaststoffe/g 2,1

Gurken immer von der Spitze in Richtung Stielansatz schälen. Häufig liegen Bitterstoffe im Stiel, die bei umgekehrtem Schälen in die Gurke hineingezogen würden.

Mit frischem Baguette oder Knoblauchbrot servieren.

Provenzalisches Gemüsegratin

einfach, braucht Zeit
4 Portionen

- 1 große Aubergine
- Salz
- 2 große Gemüsezwiebeln
- 2 Knoblauchzehen
- 150 ml Olivenöl
- 1 Dose gehackte Tomaten, 400 g
- 1/8 l Weißwein
- 1 Prise Zucker
- frisch gemahlener schwarzer Pfeffer
- 2 TL provenzalische Kräuter
- 1 große gelbe Paprikaschote
- 1 große rote Paprikaschote
- 4 Zucchini
- 200 g Ziegenkäse
- 50 g schwarze Oliven
- 2 EL Semmelbrösel
- 50 g Butter

Die Aubergine waschen, in 1 cm dicke Scheiben schneiden und leicht salzen. In einen Durchschlag legen und 20 Minuten Wasser ziehen lassen. Die Auberginenscheiben trockentupfen.

Die Zwiebeln und den Knoblauch abziehen und in Scheiben schneiden.

1/3 des Olivenöls in einer tiefen Pfanne erhitzen und die Auberginenscheiben darin von beiden Seiten kurz anbraten. Aus der Pfanne heben und beiseite stellen. Weitere 50 ml Öl in die Pfanne geben und Zwiebeln und Knoblauch goldbraun braten.

Die gehackten Tomaten durch ein Sieb abgießen und unter die Zwiebeln mischen. Mit dem Wein aufgießen, mit Zucker, Salz, Pfeffer und der Hälfte der provenzalischen Kräuter würzen und 10 Minuten einkochen lassen. Die Zwiebel-Tomaten-Mischung in eine runde Auflaufform umfüllen.

Die Paprikaschoten und die Zucchini waschen, die Paprikaschoten halbieren und entkernen. Zucchini in Scheiben, Paprika in Streifen schneiden. Auberginen, Paprika und Zucchini im restlichen Öl anbraten und mit Salz, Pfeffer und den restlichen Kräutern würzen. Bunt gemischt auf das Tomatenbett legen.

Den Ziegenkäse zerkrümeln, Käse und Oliven auf dem Gemüse verteilen und mit den Semmelbröseln bestreuen. Die Butter in Flöckchen darüber verteilen. Im vorgeheizten Backofen bei 175 °C auf der 2. Schiene von oben ca. 25 Minuten überbacken. In der Form auftragen.

Nährwerte pro Portion
Kilokalorien 700, Kilojoule 2910, Eiweiß/g 13, Kohlenhydrate/g 33, Fett/g 29, Ballaststoffe/g 3,5

Gemüsestrudel

braucht Zeit, zum Einfrieren
4 Portionen

Strudelteig
- 150 g Mehl und Mehl zum Verarbeiten
- 1/2 TL Salz
- 1 TL Essig
- 2 EL Öl

Füllung
- Je 100 g geputztes Gemüse: Zucchini, Möhren, Kohlrabi, Brokkoli
- Salz
- 1 kleine Zwiebel
- 40 g Butter
- 100 g Schlagsahne
- 3 Eier
- frisch gemahlener Pfeffer
- frisch geriebene Muskatnuss

- 1 Eigelb
- 1 EL Milch

Das Mehl in eine Schüssel sieben. 80 ml lauwarmes Wasser mit dem Salz verrühren, Essig und 2 Esslöffel Öl zugeben und die Mischung zum Mehl gießen. Alle Zutaten vermischen und den Teig schlagen. Wenn er sich vom Schüsselrand löst, den Teig auf der bemehlten Arbeitsfläche kneten, bis er geschmeidig ist. Eine Kugel formen, mit Öl bestreichen und zugedeckt an einem warmen Ort 30 Minuten ruhen lassen.

Für die Füllung das geputzte Gemüse gleichmäßig würfeln und im kochenden Salzwasser blanchieren.

Die Zwiebel abziehen und würfeln. Die Butter in einer Kasserolle zerlassen und die Zwiebel und 1/4 der blanchierten Gemüse darin anschwitzen. Mit der Sahne auffüllen und die Flüssigkeit einkochen lassen. Dann im Mixer pürieren und mit dem anderen Gemüse mischen. Die Eier einrühren und mit Salz, Pfeffer und Muskatnuss abschmecken.

Zum Ausziehen des Strudelteigs ein Tuch gleichmäßig mit Mehl bestäuben. Die Teigkugel in die Mitte legen und zu einem Rechteck ausrollen. Mit beiden Händen unter den Teig greifen und ihn von der Mitte nach außen über die Handrücken ausziehen.

Die Gemüsefüllung auf dem Strudelteig verteilen und dabei einen Rand lassen. Den Strudel zusammenrollen und mit der Nahtstelle nach unten auf ein geöltes Backblech setzen.

Das Eigelb mit der Milch verrühren und den Strudel damit bestreichen.

Den Gemüsestrudel im vorgeheizten Backofen bei 200 °C auf der mittleren Schiene 30 Minuten backen.

Nährwerte pro Portion
Kilokalorien 460, Kilojoule 1940, Eiweiß/g 13, Kohlenhydrate/g 33, Fett/g 29, Ballaststoffe/g 3,5

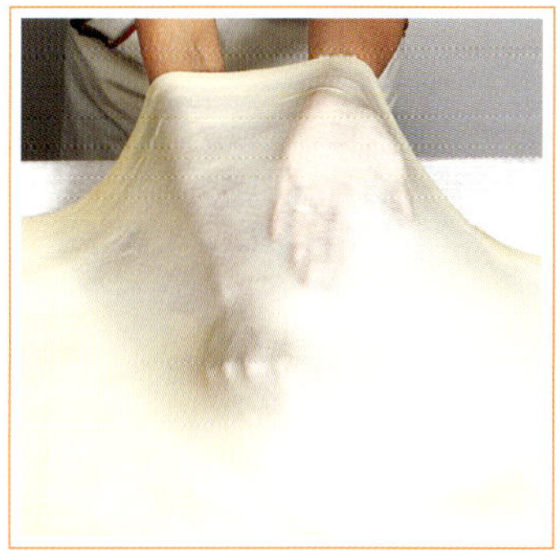

Die beschriebene Strudelmenge reicht für 4 Portionen als Beilage. Als vegetarisches Hauptgericht ergibt er 2 Portionen, zu dem man eine Tomaten- oder Kräutersauce reichen kann.

Pikante kalte Tomatensuppe

einfach, Blitzrezept
4 Portionen

- 4 reife Fleischtomaten
- Salz
- frisch gemahlener Pfeffer
- Saft von 1 Zitrone
- 2 EL Olivenöl
- 1 frische grüne Pfefferschote
- 1 kleine gelbe Paprikaschote
- 1 Schalotte
- 1 Knoblauchzehe
- 1/2 Bund Basilikum
- einige Blätter Zitronenmelisse

Die Tomaten heiß brühen und enthäuten. Tomaten grob würfeln und mit Salz, Pfeffer, Zitronensaft und Olivenöl im Mixer bei hoher Geschwindigkeit etwa 2 Minuten pürieren. Die Suppe für 10 Minuten in das Tiefkühlfach stellen.

Inzwischen die Pfefferschote und die Paprikaschote waschen, halbieren und das Kerngehäuse entfernen. Schoten in kleine Würfel schneiden.

Die Schalotte und die Knoblauchzehe abziehen und sehr fein hacken. Mit dem gewürfelten Gemüse vermischen.

Basilikum und Zitronenmelisse waschen, trockentupfen und fein hacken.

Die eisgekühlte Suppe in Teller verteilen, Gemüsewürfel und Kräuter darüber geben und sofort servieren.

Nährwerte pro Portion
Kilokalorien 90, Kilojoule 390, Eiweiß/g 2, Kohlenhydrate/g 6, Fett/g 6, Ballaststoffe/g 3,6

Kalte Gurkensuppe

Diese erfrischende Sommersuppe muss gut gekühlt sein und kann deshalb auch schon am Vorabend zubereitet werden.

einfach, braucht Zeit
4 Portionen

- 1 große Salatgurke
- 3 Bund Frühlingszwiebeln
- 1 Bund glatte Petersilie
- 1/4 l Geflügelbrühe
- 400 g Schlagsahne
- Salz
- frisch gemahlener weißer Pfeffer
- Chilipulver
- 1 kleine Knoblauchzehe
- 4 Borretschblätter
- 4 Scheiben Toastbrot
- 20 g Butter

Die Gurke, die Frühlingszwiebeln und die Petersilie waschen und putzen. Die Salatgurke längs durchschneiden und mit einem Esslöffel entkernen. 3/4 der Gurke grob hacken. Den weißen Teil der Zwiebeln und die Petersilie ebenfalls hacken.

Alles in der heißen Geflügelbrühe einige Minuten köcheln. Etwas abkühlen lassen und im Mixer pürieren.

Die Schlagsahne aufgießen und mit Salz, Pfeffer und Chilipulver würzen.

Die Knoblauchzehe abziehen und durch die Presse drücken. Zusammen mit dem gewaschenen, gehackten Borretsch und der restlichen, klein gewürfelten Gurke in die Suppe geben. Zugedeckt in den Kühlschrank stellen.

Aus den Toastscheiben kleine Croûtons ausstechen (oder Würfelchen schneiden) und in der erhitzten Butter goldbraun rösten.

Kurz vor dem Servieren auf die Suppe streuen.

Nährwerte pro Portion
Kilokalorien 450, Kilojoule 1880, Eiweiß/g 6, Kohlenhydrate/g 21, Fett/g 36, Ballaststoffe/g 2,5

TIPP

Besonders gut schmeckt die Suppe, wenn sie mit einem Schuss Gin verfeinert wird.

Tomatensuppe

einfach, Blitzrezept, zum Einfrieren
4 Portionen

- 1 kleine Zwiebel
- 1 Knoblauchzehe
- 1/2 Bund Basilikum
- 1/2 EL Butter
- 1 EL Zucker
- 1 kleine Dose geschälte Tomaten, 400 g
- 1 EL Tomatenmark
- Salz
- frisch gemahlener schwarzer Pfeffer
- 600 ml Gemüsebrühe
- 100 g Schlagsahne

Die Zwiebel abziehen und fein würfeln. Den Knoblauch abziehen und durch die Presse drücken. Das Basilikum waschen, trockentupfen und fein hacken. 1 Esslöffel voll zum Garnieren beiseite stellen.

In einem Topf die Butter zerlassen, die Zwiebel und den Knoblauch darin bei mittlerer Hitze glasig dünsten. Den Zucker zugeben und unter Rühren schmelzen, bis er karamellisiert.

Die Tomaten mit dem Saft einrühren, dabei die Tomaten mit einem Löffel etwas zerkleinern.

Mit Tomatenmark, Salz, Pfeffer und Basilikum würzen. Die Brühe angießen. Zugedeckt bei mittlerer Hitze 15 Minuten köcheln lassen. Die Suppe würzig abschmecken.

Die Schlagsahne steif schlagen.

Die Tomatensuppe in vorgewärmte Teller füllen, mit einem Klacks Schlagsahne garnieren und mit dem restlichen Basilikum bestreuen.

Nährwerte pro Portion
Kilokalorien 130, Kilojoule 540, Eiweiß/g 2, Kohlenhydrate/g 8, Fett/g 10, Ballaststoffe/g 1,5

Die Suppe kann portionsweise mit Kürbiskernen bestreut und mit Crème fraîche garniert werden. Dazu passen Knoblauchcroûtons aus geröstetem Bauernbrot.

Kürbiscreme

einfach, braucht Zeit
6 Portionen

- 2 kg gelber Kürbis
- 1 Zwiebel
- 2 Knoblauchzehen
- 1 nussgroßes Stück frischer Ingwer
- 1 EL Butter
- 1/4 l kräftige Fleischbrühe
- 500 g Schlagsahne
- Salz
- frisch gemahlener Pfeffer
- frisch geriebene Muskatnuss
- etwa 1/4 l Milch

Den Kürbis entkernen und in gleichmäßige, nicht zu große Spalten teilen.

Den Backofen auf 250 °C vorheizen, die Fettpfanne mit Backpapier auslegen und die Kürbisstücke getrennt voneinander darauf setzen. Den Kürbis 1 Stunde garen und trocknen. Die letzten 20 Minuten einen Kochlöffelstiel in die Backofentür stecken, damit der Dampf entweichen kann. Den gebackenen Kürbis abkühlen lassen, das Fleisch aus den Schalen schneiden und grob würfeln. Diese Arbeit kann auch am Vortag erledigt werden.

Die Zwiebel und die Knoblauchzehen abziehen und fein hacken. Den Ingwer schälen und fein hacken.

In einem weiten Suppentopf die Butter zerlassen und Zwiebel und Knoblauch darin glasig dünsten. Das gehackte Kürbisfleisch und den Ingwer zugeben und mehrmals wenden. Die Fleischbrühe und die Schlagsahne angießen und die Suppe 10 Minuten köcheln lassen.

Den Suppentopf vom Herd nehmen und die Suppe mit dem Pürierstab cremig rühren.

Die Kürbiscreme wieder erhitzen, mit den Gewürzen kräftig abschmecken und nach Belieben mit Milch verdünnen.

Nährwerte pro Portion
Kilokalorien 320, Kilojoule 1330, Eiweiß/g 5, Kohlenhydrate/g 10, Fett/g 29, Ballaststoffe/g 2,4

Paprikarahmsuppe

einfach, Blitzrezept
4 Portionen

- 2 große rote Paprikaschoten
- 1 Schalotte
- 1 Knoblauchzehe
- 1 scharfe rote Chilischote
- 1 EL Öl
- 400 ml Rinderbrühe (Glas)
- 2 EL Tomatenmark
- Salz
- Zucker
- frisch gemahlener schwarzer Pfeffer
- Paprikapulver, edelsüß
- 400 g Schlagsahne
- 1 Eigelb

Die Paprikaschoten putzen, entkernen, waschen und würfeln. 1 Stück Paprikaschote in kleine Rauten schneiden und zum Garnieren der Suppe aufheben.

Die Schalotte und die Knoblauchzehe abziehen und grob hacken. Die Chilischote putzen, entkernen und fein hacken.

Das Öl in einem Suppentopf erhitzen, Schalotte, Knoblauch und Chilischote darin andünsten und dann die Paprikawürfel zugeben. Die Rinderbrühe angießen und die Paprikaschoten weich dünsten.

Alles zusammen mit dem Tomatenmark im Mixer pürieren und wieder in den Topf gießen. Mit den Gewürzen kräftig abschmecken.

Von der Schlagsahne 2 Esslöffel abnehmen und das Eigelb damit verrühren. Die restliche Sahne steif schlagen.

Die Suppe einmal aufkochen, vom Herd ziehen und mit dem Eigelb binden. Die Schlagsahne unterziehen und die Suppe noch einmal abschmecken.

Paprikarahmsuppe in vorgewärmten Suppentellern servieren und mit den Paprikarauten bestreuen. Nach Belieben mit etwas Schlagsahne garnieren.

Nährwerte pro Portion
Kilokalorien 350, Kilojoule 1480, Eiweiß/g 5, Kohlenhydrate/g 6, Fett/g 35, Ballaststoffe/g 2,1

Blatt-

und Stängelgemüse

„Ich bin so satt, ich mag kein Blatt", sprach die Ziege im Märchen. In der heutigen Wirklichkeit sind Blätter und Stängel sehr gefragt, jedenfalls bei Menschen. Zu diesen feinen Gemüsen zählen auch die Kohlgewächse, denen wir wegen ihrer Vielfalt ein eigenes Kapitel widmen.

Spinat kennt jeder, aber der kommt erst ganz hinten im Alphabet dieser Gemüsefamilie, das mit A wie Artischocke beginnt. Dann kommen Cardi, Chicorée, Fenchel, Kohlrabi, Löwenzahn, Mangold, Pak Choy, Spargel, Spinat, Stangensellerie und Stielmus. Zu den Blattgemüsen zählen auch alle Salate.

Gerade aus dieser Gemüsefamilie kommen jährlich Neuheiten auf den Markt. Exotische oder zumindest wenig bekannte Blätter und Stängel, die nicht nur importiert, sondern auch hier angebaut werden. Unsere Gärtner sind experimentierfreudig, und wir als Köche dürfen das auch sein.

Salat mit rohem Spargel

einfach, Blitzrezept
4 Portionen

- 8 Frühlingszwiebeln
- 100 g Zuckerschoten
- Salz
- 4 Stangen weißer Spargel
- 2 Bund Rucola

Marinade
- 1/2 Bund glatte Petersilie
- 1 Prise Zucker
- frisch gemahlener weißer Pfeffer
- 1 TL mittelscharfer Senf
- 1 EL Zitronensaft
- 2 EL Estragonessig
- 6 EL Traubenkernöl

Die Frühlingszwiebeln abziehen, putzen und das dunkelgrüne Ende abschneiden.

Die Zuckerschoten putzen, eventuell die Fäden abziehen und die Schoten waschen.

Reichlich Wasser zum Kochen bringen, leicht salzen und die Zuckerschoten hineingeben. Wenn das Wasser wieder kocht, die Frühlingszwiebeln zugeben und beide Gemüse noch knapp 1 Minute blanchieren. Abgießen, kalt spülen oder in Eiswasser legen.

Den Spargel waschen, schälen und die Enden beschneiden. Die Stangen diagonal in etwa 5 cm lange dünne Scheiben schneiden.

Die Rucolablätter von den Stielen schneiden, den Salat verlesen, waschen und trockenschleudern.

Die Petersilie waschen, trockenschütteln und die Blätter fein hacken.

Für die Marinade je 1 Prise Salz und Zucker, Pfeffer, Senf, Zitronensaft und Estragonessig verrühren und das Traubenkernöl unterschlagen. Die gehackte Petersilie in die Marinade rühren.

Sehr lange oder dicke Frühlingszwiebeln quer beziehungweise längs halbieren, ebenso große Zuckerschoten halbieren. Alle Salatzutaten mit der Marinade vermischen.

Nährwerte pro Portion
Kilokalorien 190, Kilojoule 810, Eiweiß/g 2, Kohlenhydrate/g 6, Fett/g 18, Ballaststoffe/g 2,2

Grüner und weißer Spargel „Mimosa“

einfach
4 Portionen

- je 500 g weißer und grüner Spargel
- Salz
- Zucker
- 1 Stange Lauch
- 4 Eier

Marinade
- 1 Schalotte
- 1 Bund glatte Petersilie
- 1 Stängel Zitronenmelisse
- 1 Hand voll Kerbel
- frisch gemahlener weißer Pfeffer
- 1 TL mittelscharfer Senf
- 4 EL milder Weinessig
- 8 EL neutrales Keimöl

Beide Spargelsorten waschen, die Enden der Spargelstangen abschneiden und den weißen Spargel schälen.

Salzwasser mit 1 Teelöffel Zucker aufkochen und den weißen Spargel einlegen. Bei mittlerer Hitze 16 bis 18 Minuten garen, herausheben und abtropfen lassen. Im selben Sud den grünen Spargel etwa 10 Minuten garen, dann ebenfalls herausheben und abtropfen lassen.

Die Lauchstange putzen, der Länge nach halbieren, waschen und im kochenden Spargelsud 1 bis 2 Minuten blanchieren, dann mit kaltem Wasser spülen.

Den blanchierten Lauch der Länge nach in gleichmäßig breite Bänder teilen. Jeweils einige weiße und grüne Spargelstangen mit den Lauchstreifen zu Bündeln binden und auf eine Platte legen.

Für die Marinade die Schalotte abziehen und sehr fein hacken. Die Kräuter waschen, trockenschütteln und die Blättchen fein hacken. 1/2 Teelöffel Salz, 1 Prise Zucker, Pfeffer, Senf und Essig glatt rühren und das Öl unterschlagen. Die Schalotte und die Kräuter einrühren.

Die Marinade über die Spargelbündel verteilen und das Gemüse vor dem Servieren etwa 30 Minuten ziehen lassen, dabei mehrfach wenden.

Die Eier in 10 Minuten hart kochen, abschrecken und schälen. Eigelb und Eiweiß getrennt fein hacken. Zum Anrichten die Spargelbündel mit den Eiern garnieren (siehe Abbildung).

Nährwerte pro Portion
Kilokalorien 330, Kilojoule 1400, Eiweiß/g 11, Kohlenhydrate/g 5, Fett/g 30, Ballaststoffe/g 3,1

Spargel „Mimosa“ schmeckt als Vorspeise. Es passen aber auch neue Kartoffeln dazu, Schinken, kalter Braten oder Fisch.

Hinweis
„Mimosa“ ist die klassische Bezeichnung für eine Garnitur aus gehackten, hart gekochten Eiern.

Rohkostplatte mit Dipsaucen

einfach
4 Portionen

Cocktailsauce
- 1 EL Essig
- 1 Messerspitze Salz
- 1 Messerspitze Zucker
- 2 kleine Eigelb
- 5 EL Öl
- 3 EL Crème fraîche
- 3 EL Tomatenmark
- frisch gemahlener schwarzer Pfeffer
- 1 EL Cognac

Balsamico-Vinaigrette
- 1 Schalotte
- 1 Knoblauchzehe
- 1 TL mittelscharfer Senf
- Salz
- frisch gemahlener Pfeffer
- 3 EL Balsamico-Essig
- 6 EL Olivenöl

Kräuterquark
- 125 g Sahnequark
- 150 g Crème fraîche
- 2 EL Milch
- 1/2 TL mittelscharfer Senf
- Salz
- frisch gemahlener weißer Pfeffer
- 1/2 Bund glatte Petersilie
- 1 Bund Schnittlauch
- 1/2 Kästchen Kresse

Gemüse
- 2 Staudensellerie
- 4 Chicorées
- 1 Fenchelknolle
- 2 Bund zarte Möhren
- 2 rote Paprikaschoten
- 1 gelbe Paprikaschote

Für die Cocktailsauce den Essig mit Salz und Zucker verrühren. Unter kräftigem Schlagen das Eigelb zufügen, dann das Öl, bis die Sauce glatt und sämig ist. Crème fraîche und Tomatenmark einrühren. Die fertige Sauce mit Pfeffer und Cognac abschmecken.

Für die Vinaigrette die Schalotte und die Knoblauchzehe abziehen und beides durch die Knoblauchpresse drücken. Das Püree mit Senf, Salz, Pfeffer, Balsamico-Essig und 1 Esslöffel Wasser glatt rühren. Dann mit einem Schneebesen das Olivenöl unterschlagen. Die Sauce vor dem Servieren umrühren.

Den Quark mit Crème fraîche und so viel Milch verrühren, dass eine geschmeidige, aber nicht zu flüssige Creme entsteht. Mit Senf, Salz und Pfeffer abschmecken. Petersilie und Schnittlauch waschen, trockentupfen und fein hacken. Diese Kräuter und die abgeschnittene Kresse mit dem Quark verrühren.

In einer großen Schüssel Wasser mit Eiswürfeln vorbereiten, um die geputzten Gemüse einlegen zu können.

Den Staudensellerie putzen, grobe Stangen abziehen und eventuell der Länge nach halbieren. An den zarten, inneren Stangen die Blättchen daranlassen.

Die äußeren Blätter vom Chicorée entfernen, den bitteren Strunk ausschneiden und die Blätter einzeln ablösen.

Den Fenchel waschen, putzen und senkrecht erst in Scheiben, dann in Stifte teilen.

Die Möhren putzen, schälen, der Länge nach vierteln und sofort ins Wasser legen.

Die Paprikaschoten waschen, halbieren, entkernen und der Länge nach in Streifen schneiden.

Alles Gemüse bis zum Servieren im Eiswasser liegen lassen. Dann gut abtropfen und in einer weiten Schüssel oder auf einer Platte dekorativ anrichten. Jede Dipsauce in einem Schälchen bereitstellen.

Nährwerte pro Portion für Gemüse mit allen Saucen
Kilokalorien 480, Kilojoule 2010, Eiweiß/g 8, Kohlenhydrate/g 10, Fett/g 42, Ballaststoffe/g 5,3

Pochierte Eier auf Spinat mit Sauce Mornay

braucht Zeit
4 Portionen

- 8 frische Eier
- Essig
- Salz
- 1/4 l Milch
- frisch gemahlener Pfeffer
- frisch geriebene Muskatnuss
- Mehlbutter aus: 20 g Butter und 20 g Mehl
- 600 g Blattspinat
- 1/2 Zwiebel
- 1 Knoblauchzehe
- 60 g Butter
- 80 g geriebener Greyerzer Käse

Die Eier zum Pochieren sollten nicht älter als 1 Woche und gut gekühlt sein.

2 Liter Wasser mit 4 Esslöffeln Essig und 1 gestrichenen Esslöffel Salz aufkochen. Die Hitze zurückschalten, die Eier einzeln in eine kalt gespülte Suppenkelle schlagen und ins heiße Wasser tauchen. Die Kelle erst tief im Wasser umdrehen und das Ei hinausgleiten lassen. Das Eiweiß sofort mit 2 Löffeln zusammenhalten, damit es in Form bleibt. Nach etwa 2 Minuten beginnt das Eiweiß fest zu werden, nun noch weitere 2 Minuten pochieren. Nach insgesamt 4 Minuten ist das Ei außen fest, das Eigelb im Inneren aber noch flüssig. Pochierte Eier mit einer Schaumkelle herausheben, die Eiweißfäden abschneiden und die Eier bis zum Servieren in lauwarmes Wasser legen.

Für die Sauce Mornay die Milch mit Salz, Pfeffer und Muskatnuss aufkochen. Die Butter mit dem Mehl zu einem kleinen Kloß verkneten und flöckchenweise in die kochende Milch rühren. Die Sauce bei guter Mittelhitze mindestens 15 Minuten durchkochen.

Die Spinatblätter waschen, verlesen und die dicken Stiele entfernen. Die Zwiebel und den Knoblauch abziehen und fein hacken.

50 g Butter in einer Kasserolle zerlassen und Zwiebel und Knoblauch darin anschwitzen. Die nassen Spinatblätter zugeben, den Deckel auflegen und den Spinat dünsten, bis er zusammenfällt. Dann mit Salz, Pfeffer und Muskatnuss würzen, gut durchrühren und den Spinat im offenen Topf dünsten, bis die Flüssigkeit verdampft ist.

Eine weite Auflaufform mit der restlichen Butter ausstreichen und mit dem abgedämpften Spinat füllen. Die pochierten Eier gut abtropfen lassen und auf das Spinatbett setzen. Den geriebenen Greyerzer in die Sauce rühren. Der Käse soll sich auflösen, aber die Sauce darf nicht mehr kochen. Die Eier mit der Sauce überziehen und unter dem vorgeheizten Grill im Backofen goldbraun gratinieren.

Nährwerte pro Portion
Kilokalorien 500, Kilojoule 2100, Eiweiß/g 26, Kohlenhydrate/g 9, Fett/g 38, Ballaststoffe/g 1,9

Garnelen mit Wurzelspinat

einfach, Blitzrezept
4 Portionen

- 400 g rohe, ungeschälte Garnelenschwänze
- 500 g Wurzelspinat (ersatzweise Brunnenkresse)
- 3 Schalotten
- 3 Knoblauchzehen
- 1 scharfe rote Chilischote
- 1 nussgroßes Stück Ingwerwurzel
- 3 EL Öl
- Salz
- 2 EL helle Sojasauce

Die Garnelenschwänze waschen, schälen, am Rücken aufschlitzen und die Därme entfernen.

Den Spinat gründlich waschen, grobe Stiele entfernen und die Blätter in große Stücke zupfen.

Die Schalotten und den Knoblauch abziehen. Die Schalotten in feine Ringe schneiden. Die Knoblauchzehen der Länge nach halbieren und quer in feine Scheiben schneiden. Die Chilischote waschen und entkernen. Den Ingwer schälen und samt der Chilischote sehr fein hacken.

Das Öl im Wok erhitzen und Schalotten, Chili und Ingwer bei schwacher Hitze kurz andünsten. Die Garnelen einrühren, mit etwas Salz und der Sojasauce würzen und 2 Minuten unter Rühren braten.

Die Hitze hoch stellen, den abgetropften Spinat zugeben und mit den Garnelen vermischen. Den Knoblauch zugeben und rühren, bis der Spinat zusammenzufallen beginnt.

Sofort servieren.

Nährwerte pro Portion
Kilokalorien 190, Kilojoule 790, Eiweiß/g 19, Kohlenhydrate/g 2, Fett/g 11, Ballaststoffe/g 3,2

Würziger Spinatauflauf

einfach, braucht Zeit, zum Einfrieren
4 Portionen

- 500 g Blattspinat
- 1 Zwiebel
- 1–2 Knoblauchzehen
- 2 EL Butter
- 125 g Grünkern, geschrotet
- 300 ml Gemüsebrühe
- 1 TL getrockneter Thymian
- Salz
- frisch gemahlener Pfeffer
- frisch geriebene Muskatnuss
- 50 g Mandelstifte
- 4 mittelgroße Strauchtomaten
- Fett für die Form
- 4 Eier
- 1/4 l Milch
- 100 g Crème fraîche
- 250 g mittelalter Gouda oder Bergkäse

Den Blattspinat verlesen und waschen. Zwiebel und Knoblauch abziehen und miteinander fein hacken.

In einem Topf 1 Esslöffel Butter zerlassen, die Hälfte von Zwiebel und Knoblauch darin andünsten, den Grünkern einrühren und kurz anrösten. Die Gemüsebrühe angießen, den Thymian einrühren und alles bei schwacher Hitze etwa 20 Minuten ausquellen lassen.

In einem zweiten Topf die restliche Butter schmelzen, die restliche Zwiebel-Knoblauch-Mischung darin andünsten und den tropfnassen Blattspinat zugeben. Den Topf mit dem Deckel fest verschließen und den Spinat bei mittlerer Hitze zusammenfallen lassen. Dann den Topf öffnen, den Spinat mit Salz, Pfeffer und Muskatnuss abschmecken und die Flüssigkeit verdampfen lassen, dabei mehrmals umrühren.

Inzwischen in einer trockenen, heißen Pfanne die Mandelstifte goldgelb rösten und unter den Spinat ziehen. Grünkern und Spinat vom Herd nehmen.

Die Tomaten waschen, putzen und in Scheiben schneiden.

Die Auflaufform fetten. Den Backofen auf 200 °C vorheizen.

Die Eier mit Milch und Crème fraîche verquirlen, schwach salzen und mit Pfeffer würzen. Den Käse möglichst grob raspeln.

Die Hälfte des Käses unter den Grünkern ziehen und mit Salz und Pfeffer abschmecken. Die Masse in die Form füllen und glatt streichen. Mit 5 bis 6 Esslöffeln Eiermilch befeuchten. Den Spinat darüber verteilen und zuletzt die Tomatenscheiben dachziegelartig auflegen. Die Tomaten salzen und pfeffern. Die restliche Eiermilch darüber gießen und den übrigen Käse aufstreuen.

Den Auflauf im vorgeheizten Backofen bei 200 °C auf der 2. Schiene von unten etwa 40 Minuten backen. Die Decke darf goldbraun werden.

Den würzigen Grünkernauflauf in der Form auftragen und bunte Blattsalate dazu reichen.

Nährwerte pro Portion
Kilokalorien 700, Kilojoule 2940, Eiweiß/g 36, Kohlenhydrate/g 28, Fett/g 50, Ballaststoffe/g 9

Gratinierter Spinat

einfach, Blitzrezept
4 Portionen

- 160 g Butter
- 1 kg Blattspinat
- Salz
- 2 Schalotten
- 2 Knoblauchzehen
- 20 g Butter
- 1 Prise frisch geriebene Muskatnuss
- 2 EL Flüssigkeit (Wasser, Weißwein, Essig, Zitronensaft, Fond oder beliebige Reduktion)
- 2 frische Eigelb
- Salz
- 1 Prise weißer Pfeffer

160 g Butter für die Sauce hollandaise klären.

Spinat verlesen, grobe Stiele entfernen, Spinatblätter mehrmals gründlich waschen und tropfnass in den Topf geben. Zugedeckt bei schwacher Hitze 2 bis 3 Minuten zusammenfallen lassen, einmal wenden und 1 Prise Salz hinzugeben.

Die Schalotten und die Knoblauchzehen abziehen und fein hacken. 20 g Butter in einer Pfanne aufschäumen lassen, Schalotten und Knoblauch darin glasig dünsten. Spinat in der Pfanne wenden, mit Muskatnuss würzen und warm halten.

Den Grill vorheizen und die Sauce hollandaise zubereiten: Flüssigkeit, Eigelb, 1 Prise Salz und Pfeffer in die Schüssel geben. Die geklärte Butter einmal aufkochen und vom Herd nehmen. Eigelb mit Zutaten glatt schlagen. Die heiße Butter erst tropfenweise, dann im dünnen Strahl zugießen. Dabei ständig mit dem Schneebesen kräftig schlagen. Die Sauce wird schnell schaumig und dicker.

Die Böden von 4 ofenfesten Förmchen mit je 1 Esslöffel Sauce hollandaise ausstreichen. Spinat in die Förmchen verteilen und die restliche Sauce darüber verteilen. Spinat unter dem vorgeheizten Grill 2 bis 3 Minuten goldgelb gratinieren. Die Sauce darf nur an der Oberfläche backen, darunter bleibt sie cremig weich.

Zu kurz gebratenem Fisch oder Fleisch reichen.

Nährwerte pro Portion
Kilokalorien 420, Kilojoule 1780, Eiweiß/g 8, Kohlenhydrate/g 2, Fett/g 41, Ballaststoffe/g 4,1

Wilder Spargel mit pochierten Eiern

einfach, Blitzrezept
4 Portionen

Sauce béarnaise
- 1 Schalotte oder 1/2 Zwiebel
- 1 Zweig Estragon
- 1 Bund glatte Petersilie
- etwas frischer Kerbel
- 2 EL Weinessig
- 1 Glas trockener Weißwein
- geklärte Butter von 250 g frischer Butter
- 3 Eigelb
- Salz
- frisch gemahlener weißer Pfeffer

- 8 Eier
- Essig
- 750 g wilder Spargel, ersatzweise 1 kg grüner Spargel
- Zucker

Die Schalotte abziehen und fein hacken. Alle Kräuter waschen und trockenschütteln. Estragon, 3 Stängel Petersilie und Kerbel mit den Schalottenwürfeln, mit Weinessig und Weißwein aufkochen und bis auf 3 Esslöffel Flüssigkeit einkochen lassen. Dann durch ein Sieb passieren.

Inzwischen die Butter klären. Den Wasserbadtopf vorbereiten.

Das Eigelb in den Einsatz geben und über Dampf mit der reduzierten Flüssigkeit aufschlagen, bis die Eimasse hellgelb und dicklich schaumig ist. Wenn der Eischaum den Schneebesen überzieht, die geklärte Butter zunächst nur tropfenweise, dann im dünnen Strahl zugießen. Dabei dauernd weiterrühren und darauf achten, dass die Sauce glatt und einheitlich bleibt. Immer erst dann wieder Butter zugeben, wenn die vorhergehende Menge von der Sauce restlos aufgenommen wurde.

Die Sauce mit Salz und frisch gemahlenem Pfeffer abschmecken. Restliche Petersilie fein hacken und in die Sauce béarnaise rühren. Die Sauce vom Feuer nehmen, aber warm halten. Immer wieder einmal mit dem Schneebesen aufschlagen.

Die Eier in Salzwasser mit einem Schuss Essig pochieren. Jedes Ei sollte etwa 4 Minuten ziehen. Dann herausheben, in Form schneiden und in einer Schüssel mit frischem warmem Wasser warm halten.

Den wilden Spargel gründlich waschen und die Enden abschneiden. In Salzwasser mit 1 Prise Zucker köcheln lassen.

Achtung
Wilder Spargel wird sehr schnell weich! Nach 4 Minuten eine Garprobe machen.

Den abgetropften Spargel portionsweise auf vorgewärmte Teller verteilen und mit je 2 pochierten Eiern und der lauwarmen Sauce béarnaise anrichten.

Dazu können gekochte neue Kartöffelchen gereicht werden.

Nährwerte pro Portion
Kilokalorien 760, Kilojoule 3200, Eiweiß/g 20, Kohlenhydrate/g 7, Fett/g 69, Ballaststoffe/g 15

Klassisches Spargelgericht

einfach, braucht Zeit
4 Portionen

- 2 kg weißer Spargel
- 1,2 kg neue Kartoffeln
- Salz
- Zucker
- 4 EL Butter
- 3 EL Semmelbrösel

- 250 g gekochter Schinken
- 200 g milder roher Schinken

Den Spargel waschen, schälen und die Enden abschneiden.

Die Kartoffeln waschen und in Salzwasser als Pellkartoffeln in etwa 20 Minuten gar kochen. Abgießen, abdämpfen und pellen.

Den Spargel in siedendem Salzwasser mit 1 Prise Zucker und einem Stückchen Butter gar ziehen lassen. Nach 18 Minuten die 1. Garprobe machen. Nicht länger als gut 20 Minuten kochen lassen. Den gegarten Spargel aus dem Wasser heben und in eine Serviette einschlagen. So läuft die Flüssigkeit gut ab und er bleibt warm.

Die restliche Butter in einem Pfännchen schmelzen und die Semmelbrösel darin hellbraun braten. Die gepellten Kartoffeln kurz vor dem Servieren in der Bröselbutter wenden und noch einmal erhitzen.

Dazu die Schinkensorten und Sauce hollandaise reichen.

Nährwerte pro Portion
Kilokalorien 530, Kilojoule 2210, Eiweiß/g 38, Kohlenhydrate/g 47, Fett/g 20, Ballaststoffe/g 9,5

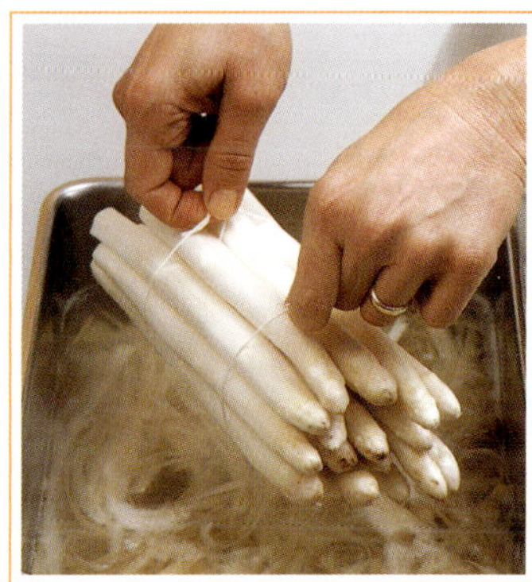

Der Spargelgeschmack wird intensiver, wenn die gewaschenen Spargelschalen im Sud mitgekocht werden. In diesem Fall die Stangen bündeln.
Den Sud für eine Gemüsesuppe verwenden.

Spargel mit Krebsen und Kerbelrahm

einfach, braucht Zeit
4 Portionen

- 20 Flusskrebse
- Salz
- 1 Glas Hummerfond, 400 ml
- 2 Schalotten
- 100 g Butter
- 150 ml Weißwein
- 150 g Schlagsahne
- 100 g Kerbel
- frisch gemahlener weißer Pfeffer
- 1 kg weißer Spargel
- 1 TL Zucker

Jeweils 4 Flusskrebse in sprudelnd kochendes Salzwasser geben, den Deckel schließen und die Krebse 3 Minuten garen. Dann mit der Schaumkelle herausheben und unter fließendem kalten Wasser abspülen. Das Fleisch aus den Schwänzen und aus den Scheren (wenn sie groß genug sind) auslösen, in eine Schüssel legen und mit Hummerfond bedecken.

Die Schalotten abziehen und sehr fein hacken. 1/2 Esslöffel Butter in einer Stielkasserolle aufschäumen lassen und die Schalotten darin andünsten. Mit dem Weißwein ablöschen, 150 ml Hummerfond angießen und die Schlagsahne einrühren. Die Sauce bei schwacher Hitze köcheln lassen.

Den Kerbel waschen, trockenschütteln und einige schöne Stiele zum Garnieren beiseite legen. Den Rest fein hacken.

Die Sauce, wenn sie sämig wird, durch ein Sieb streichen, wieder in den Topf geben, mit Salz und Pfeffer abschmecken und den Kerbel einrühren.

Während die Sauce kocht, den Spargel waschen, schälen und in leicht gesalzenem Wasser mit Zucker etwa 20 Minuten köcheln lassen. Zur Garprobe anstechen!

Kurz bevor der Spargel fertig ist, den Kerbelrahm erhitzen und die restliche Butter flöckchenweise einrühren. Das Krebsfleisch aus dem Hummersud heben und in der Sauce aufwärmen.

Den Spargel abtropfen lassen und portionsweise auf vorgewärmten Tellern anrichten. Mit Kerbel garnieren. Krebsfleisch und Kerbelrahm auf die Teller verteilen und sofort servieren.

Als Beilage passen in Butter geschwenkte Pellkartoffeln oder Herzoginkartoffeln: Rosetten aus Kartoffelpüree auf ein gefettetes Backblech spritzen, mit Eigelb bestreichen, mit Mohn bestreuen und im vorgeheizten Backofen bei 220 °C goldgelb backen.

Nährwerte pro Portion
Kilokalorien 390, Kilojoule 1640, Eiweiß/g 15, Kohlenhydrate/g 9, Fett/g 33, Ballaststoffe/g 4

Weißer Spargel und Flusskrebse – beide mild und zart – scheinen wie füreinander geschaffen. Etwas Kerbel passt gut dazu.

Grünen Spargel braucht man nicht zu schälen. Die Spargelenden, meist das untere Drittel, brechen von selbst da ab, wo die Stangen hart werden. Bei dem feinen Thaispargel genügt es, die Schnittstellen zu kappen.

Risotto mit grünem Spargel

einfach
4 Portionen

- 400 g grüner Spargel
- 3/4 l Geflügelbrühe
- Salz
- 1 Prise Zucker
- 30 g Knochenmark
- 60 g Butter
- 200 g italienischer Rundkornreis
- 70 ml trockener Weißwein
- 30 g frisch geriebener Parmesan

Die Spargelstangen waschen und die Enden abbrechen. Die Geflügelbrühe mit je 1 Prise Salz und Zucker aufkochen, den Spargel einlegen und bei mittlerer Hitze etwa 10 Minuten köcheln lassen. Garprobe machen!

Dann den Spargel herausheben, abtropfen lassen und in mundgerechte Stücke schneiden. Den Sud aufbewahren.

Das gut gekühlte Knochenmark fein hacken. 20 g Butter in einem Topf zerlassen und das Knochenmark darin andünsten. Den Rundkornreis einrieseln lassen und unter ständigem Rühren glasig dünsten.

Den Wein angießen, umrühren und den Wein bei mittlerer Hitze verdampfen lassen.

Den Spargelsud wieder erhitzen und 2 bis 3 Suppenkellen voll an den Reis gießen, umrühren und zugedeckt quellen lassen.

Wenn die Flüssigkeit ganz aufgesogen ist, nach und nach wieder von dem Sud zugeben und kräftig rühren. Im restlichen Sud die Spargelstücke erwärmen.

Nach etwa 18 Minuten ist der Risotto fertig. Die Hitze abschalten. Die restliche Butter und den Parmesan einrühren. Der Risotto muss cremig sein! Zuletzt die Spargelstücke vorsichtig unterheben.

Risotto wird immer unverzüglich serviert, meist als Vorspeise.

Nährwerte pro Portion
Kilokalorien 360, Kilojoule 1510, Eiweiß/g 10, Kohlenhydrate/g 42, Fett/g 15, Ballaststoffe/g 1,8

Spargelparfait

einfach, braucht Zeit
4 Portionen

- 600 g geputzter grüner Spargel
- 40 g Butter
- 400 ml Hühnerbrühe
- Salz
- 1 Prise Zucker
- frisch gemahlener weißer Pfeffer
- 30 g frische Weißbrotkrume
- 1 Bund glatte Petersilie
- 3 Eier
- 100 g Crème fraîche

- Butter für die Förmchen

- 8 kleine Souffléförmchen

Die Spargelstangen in Stücke schneiden und mit 30 g Butter, der Hühnerbrühe und den Gewürzen 7 bis 8 Minuten garen. Dann aus der Brühe heben und pürieren. Den Sud für eine Suppe verwenden.

Die Brotkrume in das Püree rühren. Die Petersilie waschen, trockenschütteln, sehr fein hacken und in der restlichen Butter kurz dünsten. In das Püree rühren. Die Eier zugeben und die Masse gründlich verrühren, dann die Crème fraîche unterziehen und die Masse mit Salz und Pfeffer abschmecken.

Die Förmchen mit Butter ausstreichen und die Spargelmasse bis fingerbreit unter den Rand einfüllen.

Im vorgeheizten Backofen bei 200 °C ein heißes Wasserbad vorbereiten und die Förmchen hineinstellen. Das Spargelparfait 40 Minuten garen. Wenn die Oberfläche zu bräunen beginnt, 1 Blatt Alufolie über die Formen legen.

Die fertigen Parfaits aus dem Wasserbad nehmen und sich setzen lassen. Je 2 Parfaits auf einen vorgewärmten Teller stürzen.

Hinweis

Wenn das Spargelparfait als Beilage gereicht wird, genügt 1 Förmchen pro Portion.

Nährwerte pro Portion
Kilokalorien 280, Kilojoule 1150, Eiweiß/g 10, Kohlenhydrate/g 9, Fett/g 23, Ballaststoffe/g 2,8

TIPP

Das Spargelparfait mit gekochtem grünen Spargel und Kerbelblättchen garnieren. Dazu passen gekochte Garnelen- oder Krebsschwänze mit einer Krebs- oder Hummersauce oder mit Sauce Choron (holländische Sauce mit Tomatenmark gefärbt).

Für fast alle Zubereitungen mit Spargel oder Artischocken können auch ***Cardi (Kardendistel)*** *verwendet werden. Das Gemüse kommt aus Italien zu uns und ist in allen Mittelmeerländern beliebt.*

Klassisch und elegant ist es, zum Kochen Zitronenscheiben auf die Schnittstellen zu legen und mit Küchengarn festzubinden. So bleibt die Artischocke geschlossener und grüner.

Gekochte Artischocken

einfach
4 Portionen

- 4 große Artischocken
- 1 Zitrone
- Salz

Sauce

- 4 Eigelb
- 1 EL mittelscharfer Senf oder Estragonsenf
- 1 Prise Zucker
- frisch gemahlener weißer Pfeffer
- 300 g Crème fraîche

Von den Artischocken zunächst den Stiel ausbrechen – nicht abschneiden – um dabei die holzigen Fasern mit aus dem Boden zu ziehen. Dann die Blütenspitze, etwa das obere Drittel, abschneiden und die Artischocken unter fließendem Wasser gründlich waschen. Die untersten Blätter ausbrechen und den Boden gerade abschneiden. Alle Schnittflächen mit einer halben Zitrone einreiben, damit sie nicht braun werden. Eventuell die noch übrigen, harten Blattspitzen mit der Küchenschere abschneiden.

In einem großen Topf reichlich leicht gesalzenes Wasser aufkochen, die halbe Zitrone in Scheiben schneiden und zugeben. Die Artischocken 30 bis 40 Minuten sprudelnd kochen (im Schnellkochtopf 12 bis 15 Minuten). Wenn sich ein Blatt leicht herausziehen lässt, ist die Artischocke gar. Fertige Artischocken vor dem Servieren kopfüber gut abtropfen lassen.

Inzwischen die Sauce zubereiten: Die 2. Zitronenhälfte auspressen. Das Eigelb mit Senf, Zucker, Salz und Pfeffer aufschlagen (Schneebesen oder elektrischer Handquirl). Dann mit dem Schneebesen oder einer Gabel die Crème fraîche einrühren und die Sauce mit einigen Tropfen Zitronensaft, Senf und Pfeffer abschmecken.

Bei Tisch wird die Artischocke nach und nach mit den Fingern entblättert. Den fleischigen Blattboden in die Sauce tauchen und vom Blatt beißen. Die innersten Blättchen und das Heu (Fasern) vom Artischockenboden schneiden und entfernen. Den Boden mit Messer und Gabel essen und ebenfalls in die Sauce tauchen. Einen tiefen Teller für die Abfälle bereitstellen!

Nährwerte pro Portion
Kilokalorien 340, Kilojoule 1410, Eiweiß/g 7, Kohlenhydrate/g 9, Fett/g 29, Ballaststoffe/g 2,7

Artischockenherzen, würzig gekocht

einfach, braucht Zeit
4 Portionen

Sud
- 300 ml Weißwein
- 1/8 l Olivenöl
- 2 TL Salz
- 1 TL weiße Pfefferkörner
- 2 Knoblauchzehen

- 16 Babyartischocken
- 2 Zitronen
- 1 Bund glatte Petersilie
- 3 Zweige Basilikum

Weißwein, Olivenöl und 300 ml Wasser in einem weiten Topf mit Salz und Pfefferkörnern aufkochen. Die Knoblauchzehen abziehen, halbieren und in den Sud geben.

Die Artischocken wie nebenstehend beschrieben putzen und die Herzen auslösen.

Den Saft einer Zitrone und die ausgepressten Hälften in das kalte Wasser geben, in das die geputzten Artischockenherzen gelegt werden. Die zweite Zitrone zur Hälfte in Scheiben schneiden, den Rest auspressen und Saft und Scheiben in den kochenden Sud geben. Die geputzten Artischockenherzen abtropfen lassen, in den Sud legen, den Topf zudecken und die Herzen bei mittlerer Hitze 10 Minuten köcheln lassen.

Die Petersilie waschen, trockentupfen und die Blätter grob hacken. Die Basilikumzweige waschen.

Nach 10 Minuten Kochzeit die Artischocken zur Garprobe anstechen. Petersilie und Basilikum zugeben und die Artischocken eventuell noch wenige Minuten köcheln lassen. Wenn sie schon weich sind, die Hitze abstellen und die Artischocken im Sud abkühlen lassen.

Gekochte Artischockenherzen schmecken lauwarm oder kalt. Als Vorspeise mit Parmaschinken und knusprigem Weißbrot servieren oder als Beilage zu allen kurz gebratenen Fleisch- und Fischgerichten.

Nährwerte pro Portion
Kilokalorien 40, Kilojoule 180, Eiweiß/g 2, Kohlenhydrate/g 2, Fett/g 3, Ballaststoffe/g 8,6

Artischockenherzen auslösen

Mehrmals im Jahr kommen aus verschiedenen Ländern kleine schlanke Artischocken zu uns, die kiloweise oder zu einem relativ niedrigen Stückpreis angeboten werden. Die Köpfe sind meist nicht größer als eine Zitrone und haben lange Stiele. Bei so jungem Gemüse haben die äußeren Hüllblätter noch kein Fleisch am Boden, sie werden nicht mitgegessen. Die Blütenfäden, das so genannte Heu, sind noch kaum ausgebildet, und der Artischockenboden ist zart, ohne jede Faser. Das „Herz" kann also im Ganzen gegessen werden.

Und so wird es freigelegt: Etwa die Hälfte der Hüllblätter abziehen, bis der Rest hellgelb und weich ist. Die Stiele schälen und beschneiden.
Die obere Hälfte der Knospe abschneiden und alle Schnittflächen mit einer halbierten Zitrone abreiben. Während des Putzens die vorbereiteten Artischocken in Zitronenwasser legen.

Gratinierter Chicorée

einfach
4 Portionen

- 4 große Chicorées
- 1/2 unbehandelte Zitrone
- Salz
- 1 TL Zucker

Sauce
- 30 g Butter
- 30 g Mehl
- 400 g Schlagsahne
- frisch gemahlener weißer Pfeffer
- frisch geriebene Muskatnuss
- 2 Eigelb

- Butter für die Form
- 4 Scheiben gekochter Schinken
- 100 g frisch geriebener Gouda
- 2 EL Semmelbrösel

Den Chicorée putzen, waschen und das Kolbenende keilförmig ausschneiden, weil es häufig bitter ist. Die Schnittstellen mit Zitrone einreiben.

Salzwasser mit Zucker aufkochen, den Chicorée und die Zitrone einlegen und 10 Minuten bei mittlerer Hitze kochen lassen. Den Chicorée herausheben und mit den Spitzen nach unten in einen Durchschlag stellen, damit er gründlich ablaufen kann.

Inzwischen die Sauce zubereiten: Die Butter schmelzen, das Mehl darin hell anschwitzen und unter ständigem Rühren mit der Schlagsahne aufgießen. 10 Minuten köcheln lassen und mit Salz, Pfeffer und Muskatnuss abschmecken. Die 2 Eigelb mit etwas Sauce in einer Tasse verrühren, den Topf vom Herd nehmen und die Sauce mit dem Ei binden. Nicht mehr aufkochen!

Eine Auflaufform mit Butter ausstreichen. Die Chicoréekolben leicht ausdrücken, jeden mit 1 Scheibe Schinken umwickeln und in die Form legen. Die Sauce über den Chicorée verteilen. Den geriebenen Käse mit den Semmelbröseln mischen und das Gericht damit bestreuen.

Die Form auf der mittleren Schiene in den vorgeheizten Backofen stellen und den Chicorée bei 250 °C und Oberhitze oder unter dem Grill gratinieren, bis die Käsedecke eine appetitliche, goldbraune Farbe annimmt.

Sofort in der Form servieren.

Dazu passt Kartoffelpüree.

Nährwerte pro Portion
Kilokalorien 620, Kilojoule 2600, Eiweiß/g 18, Kohlenhydrate/g 15, Fett/g 15, Ballaststoffe/g 2,6

Chicorée ist so blass, weil er im Dunklen gezüchtet wird, sonst wäre auch er grün. Auf dem Markt findet man immer häufiger grüne Kolben und rote, die wie Radicchio in Chicoréeform aussehen und auch so schmecken.

Überbackener Chicorée in Käsesauce

einfach, Blitzrezept
4 Portionen

- 100 g Mascarpone
- 250 g Schlagsahne
- 1/4 l Weißwein
- 75 g Gorgonzola
- Salz
- Zitronenpfeffer
- 4 Chicorées
- 4 Scheiben gekochter Schinken, 100 g
- Fett für die Form
- 50 g geriebener Emmentaler
- 2 EL Semmelbrösel
- 30 g Butter

Den Mascarpone, die Schlagsahne und den Weißwein in einem Topf verrühren. Den Gorgonzola in die Sauce bröckeln und darin schmelzen. Die Sauce mit Salz und Zitronenpfeffer abschmecken.

Den Chicorée putzen, waschen, trockentupfen und den bitteren Strunk am Wurzelende keilförmig herausschneiden. Jeden Chicoréekolben mit 1 Scheibe Schinken umwickeln.

Eine feuerfeste Form ausfetten und die Chicoréekolben nebeneinander hineinlegen. Mit der Käsesauce übergießen. Den Emmentaler und die Semmelbrösel darüber streuen. Die Butter in Flöckchen darauf verteilen.

Im vorgeheizten Backofen bei 200 °C auf der mittleren Schiene ca. 25 Minuten goldbraun überbacken.

Als Beilage schmecken Petersilienkartoffeln oder Kartoffelkroketten.

Nährwerte pro Portion
Kilokalorien 580, Kilojoule 2420, Eiweiß/g 19, Kohlenhydrate/g 9, Fett/g 45, Ballaststoffe/g 1,5

Griechisches Fenchelgemüse

einfach, Blitzrezept, zum Einfrieren
4 Portionen

- 750 g Fenchel
- 400 g reife Tomaten
- 2 EL Olivenöl
- Saft von 1 Zitrone
- 1/2 TL gerebelter Majoran
- 1 TL gestoßener Koriander
- Salz
- frisch gemahlener Pfeffer
- 1 EL Tomatenmark
- 1/2 Glas Weißwein
- 1 Bund glatte Petersilie

Die Fenchelknollen waschen, putzen und der Länge nach vierteln.

Tomaten kurz mit kochendem Wasser überbrühen, häuten und fein würfeln.

Das Olivenöl in einem Schmortopf sehr heiß werden lassen und den Fenchel darin von allen Seiten braun anbraten.

Zitronensaft über den Fenchel gießen, mit Majoran, Koriander, Salz und Pfeffer würzen. Tomaten und Tomatenmark dazugeben und einige Minuten mitschmoren. Dann das Gemüse zugedeckt bei schwacher Hitze ca. 15 Minuten garen, bis der Fenchel weich ist. Nach der Hälfte der Garzeit den Wein angießen und das Gemüse umrühren.

Petersilie waschen, mit Küchenpapier trockentupfen und fein hacken. Vor dem Servieren über den Fenchel streuen.

Nährwerte pro Portion
Kilokalorien 120, Kilojoule 510, Eiweiß/g 5, Kohlenhydrate/g 9, Fett/g 7, Ballaststoffe/g 6,7

Zum Aufschneiden den Fenchel auf den Wurzelansatz stellen und die Knolle immer senkrecht in Scheiben schneiden oder vierteln. Für feine Streifen den halbierten Fenchel auf die Arbeitsfläche legen und der Länge nach aufschneiden.

Gebratener Fenchel in Petersilienbutter

einfach, Blitzrezept
4 Portionen

- 2 große Fenchelknollen
- 200 ml Weißwein
- 1/8 l Brühe
- Salz
- frisch gemahlener weißer Pfeffer
- 1 Messerspitze geriebene Muskatnuss
- 4 EL Olivenöl
- 1/2 Bund glatte Petersilie
- 60 g Butter
- 2 EL Semmelbrösel

Die Fenchelknollen waschen und putzen. Dabei die welken Blattschichten, das Grün und das Wurzelende abschneiden. Knollen in gleichmäßige, etwa 1 cm dicke Scheiben schneiden.

Weißwein und Brühe aufkochen, mit Salz, Pfeffer und Muskatnuss würzen. Die Fenchelscheiben in der Brühe 10 Minuten gar kochen. Mit einer Schaumkelle herausheben und gut abtropfen lassen.

In einer großen Pfanne das Öl erhitzen. Die Fenchelscheiben darin auf beiden Seiten goldbraun braten. Auf Küchenpapier kurz abtropfen lassen und warm stellen.

Die Petersilie waschen, trockentupfen und fein hacken.

Die Butter in einer Pfanne zerlassen, Semmelbrösel und Petersilie darin kurz anbraten. Über die Fenchelscheiben geben und sofort servieren.

Nährwerte pro Portion
Kilokalorien 300, Kilojoule 1280, Eiweiß/g 3, Kohlenhydrate/g 6, Fett/g 29, Ballaststoffe/g 3

Kohlrabi-Lauch-Gemüse

einfach, Blitzrezept
4 Portionen

- 2 Kohlrabi
- 2 Stangen Lauch
- Salz
- 2 EL Butter
- 200 g Crème fraîche
- 1 Prise Zucker
- frisch gemahlener weißer Pfeffer
- 1 Bund glatte Petersilie

Kohlrabi putzen und schälen, die zarten Herzblättchen aufheben. Kohlrabi halbieren und in sehr dünne Scheiben schneiden.

Lauch putzen und gründlich waschen, in ca. 1 cm dicke Ringe schneiden.

Das Gemüse in kochendem Salzwasser 3 Minuten blanchieren, abgießen und gut abtropfen lassen.

In einem mittelgroßen Topf die Butter zerlassen und die Crème fraîche einrühren. Mit Salz und Zucker würzen. Das Gemüse zugeben und bei schwacher Hitze im geschlossenen Topf 10 Minuten dünsten. Anschließend mit weißem Pfeffer abschmecken.

Petersilie waschen und zusammen mit den Kohlrabiblättchen sehr fein hacken. Kurz vor dem Servieren unter das Gemüse mischen.

Nährwerte pro Portion
Kilokalorien 310, Kilojoule 1310, Eiweiß/g 4, Kohlenhydrate/g 8, Fett/g 29, Ballaststoffe/g 3

Gefüllte Kohlrabi

einfach
4 Portionen

- 4 große Kohlrabi
- 1/2 Bund glatte Petersilie
- 350 g Rinderhack
- 1 Zweig frischer Majoran
- 2 Eier
- Salz
- frisch gemahlener schwarzer Pfeffer
- 20 g Butter
- 4 EL Schlagsahne
- frisch geriebene Muskatnuss

Die Blätter von den Kohlrabi abschneiden, die Köpfe schälen, einen Deckel davon abschneiden und aushöhlen.

Die Petersilie waschen, trockentupfen und fein hacken.

Das Rinderhack mit Petersilie, Majoranblättern und Eiern gut vermengen, mit Salz und Pfeffer würzig abschmecken.

Die Fleischmasse in die Kohlrabi füllen.

In einem Topf die Butter erhitzen und die Kohlrabi darin bei mittlerer Hitze anbraten. Mit etwas Wasser aufgießen und bei schwacher Hitze zugedeckt 30 bis 40 Minuten schmoren lassen.

Am Ende der Garzeit die Sahne einrühren und kurz einkochen lassen, mit Salz, Pfeffer und etwas Muskatnuss abschmecken.

Nährwerte pro Portion
Kilokalorien 360, Kilojoule 1490, Eiweiß/g 13, Kohlenhydrate/g 13, Fett/g 26, Ballaststoffe/g 2

TIPP

Das Innere der Kohlrabi und die zarten Blätter eignen sich, fein geschnitten, als Einlage für Suppen.

Rohe Artischockenböden auslösen

Der Querschnitt zeigt, wie eine Artischocke aufgebaut ist. Unten sehen Sie den Stiel, der herausgebrochen wird, dann den essbaren Boden. Es folgen das Heu, die zarten violetten und dann die gröberen grünen Hüllblätter.

Die Artischocke entblättern und den Rand des Bodens sauber schneiden. Die oberen zwei Drittel der Knospe abschneiden. Mit einem Bällchenausstecher lässt sich das Heu leicht aus dem Boden schälen.

Artischockencreme

einfach, braucht Zeit
4 Portionen

- 6 rohe Artischockenböden
- 1/2 Zitrone
- 2 Schalotten
- 2 Knoblauchzehen
- 1 Bund glatte Petersilie
- 800 ml Geflügelfond (Glas)
- Salz
- 1/8 l Weißwein
- 200 g Schlagsahne
- frisch gemahlener weißer Pfeffer

Zum Garnieren
- 1 Glas schwarze Trüffelstücke
- 2 Zweige Basilikum
- Trüffelöl

Die Artischockenböden nach der nebenstehenden Anleitung auslösen und mit Zitronensaft beträufeln.

Schalotten und Knoblauch abziehen und fein hacken. Die Petersilie waschen, trockentupfen und die Blätter abzupfen.

Die Artischockenböden würfeln und zusammen mit Schalotten, Knoblauch und Petersilie im Geflügelfond weich dünsten. Dann im Mixer pürieren und durch ein Sieb streichen.

Die Suppe wieder in den Topf geben, leicht salzen, Weißwein und Schlagsahne angießen. Die Artischockencreme bei mittlerer Hitze etwa 10 Minuten sämig einkochen lassen. Mit Salz und Pfeffer abschmecken.

Die abgetropften Trüffelstücke in Scheibchen schneiden. Das Basilikum waschen, trockentupfen und die Blättchen zerzupfen. Die Artischockencreme in vorgewärmte Suppentassen verteilen, mit Trüffelscheibchen und Basilikum garnieren und vorsichtig wenige Tropfen Trüffelöl darüber träufeln.

Nährwerte pro Portion
Kilokalorien 170, Kilojoule 710, Eiweiß/g 3, Kohlenhydrate/g 4, Fett/g 16, Ballaststoffe/g 5,9

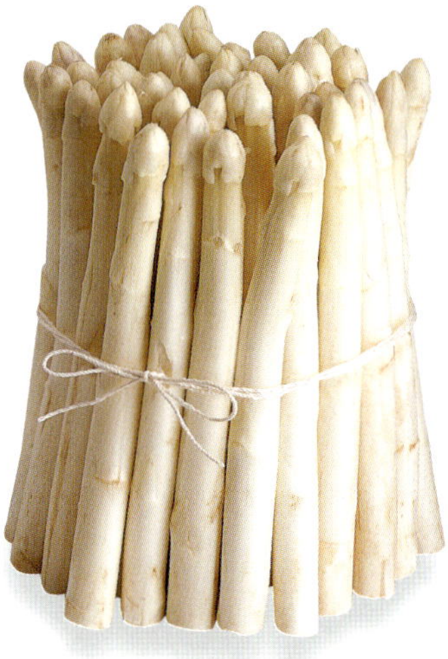

Spargelcremesuppe

einfach, zum Einfrieren
4 Portionen

- 1 kg Suppenspargel
- 1 l Brühe
- 40 g Butter
- Salz
- 1 TL Zucker
- 1 EL Mehl
- 200 ml Weißwein
- 1/2 Bund Petersilie
- 2 Eigelb
- 200 g Schlagsahne
- frisch gemahlener weißer Pfeffer
- frisch geriebene Muskatnuss
- Saft von 1/2 Zitrone

Den Spargel waschen, schälen und die Köpfe etwa 4 cm lang abschneiden. Köpfe beiseite legen und den restlichen Spargel in kleine Stücke schneiden.

Die Brühe in einem Suppentopf zum Kochen bringen. 1 Teelöffel Butter und 1 Prise Zucker zufügen und die Spargelstücke hineingeben. 20 Minuten bei mittlerer Hitze weich kochen. Anschließend die Suppe im Mixer pürieren.

In einer großen Kasserolle die restliche Butter zerlassen. Das Mehl darüber stäuben und unter Rühren goldgelb anschwitzen.

Mit dem Weißwein aufgießen. Die Spargelsuppe unterrühren und zum Kochen bringen. Spargelköpfe hineingeben und ca. 8 Minuten leise köcheln lassen.

Die Petersilie waschen, trockenschütteln und fein hacken.

Das Eigelb mit 100 g Sahne verquirlen. Die restliche Sahne halb steif schlagen. Die Suppe vom Herd nehmen und die Ei-Sahne-Mischung langsam einrühren. Mit Zucker, Salz, Pfeffer, Muskatnuss und Zitronensaft abschmecken.

In vorgewärmte Teller füllen und jede Portion mit Schlagsahne und Petersilie garnieren.

Nährwerte pro Portion
Kilokalorien 290, Kilojoule 1150, Eiweiß/g 6, Kohlenhydrate/g 9, Fett/g 23, Ballaststoffe/g 0,2

*Es gibt Blatt- und Rippenmangold. **Blattmangold** dient als Hülle für Röllchen mit zarter Füllung oder wird wie Spinat verarbeitet. Vom **Rippenmangold** verwendet man vorzugsweise die Blattstiele, die ähnlich wie Spargel zubereitet werden.*
Mangold eignet sich gut für Aufläufe, Eintöpfe und Gemüsekuchen.

Mangold-Joghurt-Suppe

einfach
4 Portionen

- 500 g Blattmangold
- 1 Bund Frühlingszwiebeln
- 1 kleine Zwiebel
- 2 EL Olivenöl
- 100 g Reis
- 1 EL gemahlener Koriander
- 1 TL Kurkuma
- frisch gemahlener schwarzer Pfeffer
- Salz
- 4–5 Knoblauchzehen
- 500 g türkischer Joghurt
- 1/2 Bund frischer Koriander

Die Mangoldblätter unter fließendem Wasser gründlich waschen und grob hacken.

Die Frühlingszwiebeln putzen, die Zwiebel abziehen und beides fein hacken.

Das Öl in einem Topf erhitzen. Die Frühlingszwiebeln und die Zwiebel darin glasig dünsten. Den Reis zufügen und glasig dünsten. Dann den Mangold untermischen, 1 l Wasser angießen und mit Koriander, Kurkuma, Pfeffer und 1 Prise Salz würzen. Alles zum Kochen bringen und zugedeckt bei kleiner Hitze 20 Minuten köcheln lassen.

In der Zwischenzeit den Knoblauch abziehen, mit wenig Salz bestreuen und mit einer dicken Messerklinge zerquetschen. Den Knoblauch mit dem Joghurt verrühren.

Den Koriander waschen, trockenschütteln und die Blättchen von den Stängeln streifen.

Die Joghurtsauce unter die Suppe rühren und erhitzen, aber nicht mehr aufkochen. Mit dem frischen Koriander bestreuen und sofort servieren.

Nährwerte pro Portion
Kilokalorien 270, Kilojoule 1140, Eiweiß/g 9, Kohlenhydrate/g 32, Fett/g 11, Ballaststoffe/g 4

Kohlgewächse

Kohlköpfe haben es in sich: Ob weiß, grün, rot oder blau, jeder Kohlkopf ist reich an Vitaminen und Mineralstoffen, steckt voller kulinarischer Überraschungen, ernährt preiswert ganze Sippen und erwärmt das Gemüt an grauen Wintertagen.

Das Einzige, woran er arm ist, sind Kalorien, und das ist ja auch wieder ein Plus.

Außer den Kohlsorten mit großen Blättern gibt es auch die feinen Sprossen und Knospen. Blumenkohl, Brokkoli und Rosenkohl sind frei nach Lexikon die „fleischig verdickten, nicht voll entwickelten Blütenstände verschiedener Kohlsorten". Freilich keine eleganten Blüten, aber am Kohl ist eben alles etwas rustikaler, was dem Wohlgeschmack keinen Abbruch tut.

Alle Kohlsorten sind reich an Kalium und haben damit eine positive Wirkung auf den Blutdruck. Unsere Abwehrkräfte kann der Kohl durch den Eisengehalt und seinen hohen Gehalt an Vitamin C stärken. Rosenkohl und Grünkohl liefern über 100 mg Vitamin C pro 100 g.

Marokkanischer Blumenkohlsalat

einfach, Blitzrezept
4 Portionen

- 1 kleiner Blumenkohl
- 2 Möhren
- Salz
- 4 Knoblauchzehen
- 1 kleine Zwiebel
- 4 EL Zitronensaft
- 1 EL Orangenblütenwasser
- 1 Prise gemahlener Kreuzkümmel
- 1 Prise Cayennepfeffer
- 1/2 TL Paprikapulver, edelsüß
- 1 TL Zucker
- 8 EL Olivenöl
- 1/2 Bund frische Minze
- 1 EL Sesamsamen

Den Blumenkohl in Röschen brechen und waschen. Die Möhren putzen, schälen, der Länge nach halbieren und in Scheiben schneiden. Den Blumenkohl in leicht gesalzenem Wasser ca. 6 Minuten köcheln lassen, dann die Möhren zufügen und weitere 5 Minuten garen.

In der Zwischenzeit die Knoblauchzehen und die Zwiebel abziehen und fein hacken.

Aus Zitronensaft, Orangenblütenwasser, Kreuzkümmel, Cayennepfeffer, Paprikapulver, Zucker und Olivenöl eine Marinade rühren. Knoblauch und Zwiebel zufügen und etwas ziehen lassen.

Das Gemüse abgießen, unter kaltem Wasser kurz abschrecken und gut abtropfen lassen. Noch lauwarm in eine Salatschüssel geben und mit der Marinade übergießen. Alles gut durchmischen und den Salat bei Zimmertemperatur etwas durchziehen lassen.

Die Minze waschen, trockentupfen und die Blätter grob hacken.

Die Sesamsamen in einer trockenen Pfanne rösten. Minze und Sesamsamen vor dem Servieren über den Salat verteilen.

Nährwerte pro Portion
Kilokalorien 270, Kilojoule 1140, Eiweiß/g 3, Kohlenhydrate/g 6, Fett/g 25, Ballaststoffe/g 3,7

Rotkohlsalat mit Rinderbrust

einfach, Blitzrezept
4 Portionen

- 1 kleiner oder 1/2 Rotkohl, 400 g
- 1/4 l Brühe
- 1/8 l Rotweinessig
- 400 g gekochte Rinderbrust (Rest von Suppenfleisch)
- je 1 Messerspitze Salz und Zucker
- 1 EL Zitronensaft
- 2 EL Sonnenblumenöl
- 400 g Crème fraîche
- 1 EL frisch geriebener Meerrettich
- 1 großer Apfel
- 100 g Walnusskerne

Die äußersten Blätter vom Rotkohl abziehen und den Strunk herausschneiden. Den Kohl vierteln und möglichst fein hobeln.

Die Brühe mit dem Essig aufkochen und heiß über den Kohl gießen.

Das gekochte Rindfleisch in mundgerechte Würfel oder Streifen schneiden und unter den Kohl mischen.

Für die Marinade Salz, Zucker, Zitronensaft und 2 Esslöffel vom Essigsud miteinander verrühren und das Öl unterschlagen. Die Marinade mit Crème fraîche und Meerrettich verrühren. Den Apfel schälen, vierteln, entkernen, grob raspeln und sofort in die Marinade geben.

Rotkohl und Rindfleisch in einem Durchschlag gründlich abtropfen lassen und mit den Walnusskernen gemischt in einer Schüssel anrichten. Die Marinade unterziehen oder getrennt dazu reichen und den Salat erst bei Tisch mischen.

Nährwerte pro Portion
Kilokalorien 760, Kilojoule 3190, Eiweiß/g 26, Kohlenhydrate/g 14, Fett/g 67, Ballaststoffe/g 4,4

Speckkrautsalat

1 bis 2 Stunden vorher zubereiten

einfach, braucht Zeit
6 Portionen

- 1 Weißkohl, ca. 1 kg
- Salz
- 10 EL Essig
- 1/2 l Brühe
- 1 TL Kümmel
- 250 g Frühstücksspeck am Stück
- Salz
- frisch gemahlener Pfeffer

Den Weißkohl vierteln, den Strunk entfernen und den Kohl fein hobeln.

Das gehobelte Kraut in leicht gesalzenem, kochendem Wasser 1 Minute blanchieren. Abgießen, abtropfen lassen und noch heiß in eine Salatschüssel umfüllen.

Den Essig mit der Brühe und dem Kümmel erhitzen und über das Kraut gießen.

Den Frühstücksspeck fein würfeln und in einer trockenen Pfanne auslassen. Die Speckwürfel unter den Salat heben und mit Salz und Pfeffer abschmecken. Den Krautsalat zugedeckt 1 bis 2 Stunden durchziehen lassen.

Nährwerte pro Portion
Kilokalorien 320, Kilojoule 1330, Eiweiß/g 7, Kohlenhydrate/g 5, Fett/g 28, Ballaststoffe/g 3,4

TIPP

Kohl wird bekömmlicher, wenn er mit Kümmel zubereitet wird.

Weißkohlgemüse mit Sherry

einfach, Blitzrezept
4 Portionen

- 1 Weißkohl, ca. 1,2 kg
- 50 g Butter
- Saft von 1 Zitrone
- Salz
- frisch gemahlener weißer Pfeffer
- 200 ml Hühnerbrühe
- 3 EL süßer Sherry (Oloroso) oder Portwein

Äußere welke oder beschädigte Blätter vom Weißkohl entfernen, den Kohl halbieren und den Strunk ausschneiden. Den Weißkohl in fingerdicke Streifen schneiden.

Die Butter in einem Topf zerlassen, die Kohlstreifen zugeben, mit Zitronensaft beträufeln, salzen und pfeffern. Den Kohl 5 Minuten dünsten und dabei ständig wenden.

Die Brühe zugießen und den Kohl unter häufigem Wenden weitere 15 Minuten garen. Er sollte etwas Biss behalten.

Den Sherry über das Gemüse träufeln, gründlich mit dem Kohl vermischen und weitere 2 Minuten dünsten. Das Kohlgemüse sofort servieren.

Das Gemüse passt gut zu deftigen Fleischgerichten.

Nährwerte pro Portion
Kilokalorien 180, Kilojoule 760, Eiweiß/g 10, Kohlenhydrate/g 11, Fett/g 7, Ballaststoffe/g 0

Rotkohlgemüse

einfach, braucht Zeit
4 Portionen

- 1 kg Rotkohl (Blaukraut)
- Salz
- 100 ml milder Rotweinessig
- 1 Zwiebel
- 4 Nelken
- 1 Lorbeerblatt
- 1 Apfel (Boskop o. Ä.)
- 1 EL Butterschmalz
- 1 EL Zucker
- 300 ml Rotwein
- 2 EL rotes Johannisbeergelee
- frisch gemahlener schwarzer Pfeffer

Die äußeren Blätter entfernen, den Kohlkopf vierteln und in feine Streifen hobeln, den Strunk wegwerfen.

Kohl in eine Schüssel geben, mit Salz bestreuen und den Essig darüber gießen. Gut vermischen und mindestens 1 Stunde durchziehen lassen.

Die Zwiebel abziehen, kreuzweise einschneiden und mit Nelken und Lorbeerblatt spicken.

Den Apfel schälen, vierteln und das Kernhaus entfernen.

In einem ausreichend großen Topf das Butterschmalz erhitzen. Den Kohl samt der Flüssigkeit, gespickter Zwiebel, Apfelstücken, Zucker, Rotwein und Johannisbeergelee in den Topf geben. Alles gut mischen und zugedeckt bei mittlerer Hitze ca. 40 Minuten garen, dabei gelegentlich umrühren.

Vor dem Servieren die gespickte Zwiebel entfernen und den Kohl mit Salz und Pfeffer abschmecken.

Nährwerte pro Portion
Kilokalorien 140, Kilojoule 610, Eiweiß/g 4, Kohlenhydrate/g 21, Fett/g 4, Ballaststoffe/g 6,4

Sauerkraut

einfach, braucht Zeit, zum Einfrieren
4 Portionen

- 100 g geräucherter Schweinebauch am Stück
- 1 Zwiebel
- 1 Dose Sauerkraut, ca. 520 g
- 150 ml Fleischbrühe
- 100 ml Weißwein
- 2 Lorbeerblätter
- 5 Wacholderbeeren

Den Schweinebauch bei mittlerer Hitze in einem Topf rundherum anbraten. Die Zwiebel abziehen, halbieren und mit den Schnittflächen auf den Topfboden legen.

Das Sauerkraut zugeben und mit zwei Gabeln locker zupfen. Die Fleischbrühe und den Weißwein angießen. Die Lorbeerblätter einlegen, die Wacholderbeeren leicht quetschen und ebenfalls zugeben.

Das Sauerkraut im geschlossenen Topf und bei mittlerer Hitze 20 Minuten köcheln lassen.

Vor dem Servieren die Zwiebelhälften und die Lorbeerblätter entfernen.

Nährwerte pro Portion
Kilokalorien 230, Kilojoule 940, Eiweiß/g 3, Kohlenhydrate/g 2, Fett/g 23, Ballaststoffe/g 4,7

TIPP

Sauerkraut kann auf vielfältige Art zubereitet werden: z. B. Schweinebauch und Zwiebel fein würfeln, in etwas Butterschmalz anbraten und dann das Sauerkraut zugeben. Kümmel passt gut zu Sauerkraut oder Apfelspalten, Ananasstücken oder Trauben.
Man kann eine rohe Kartoffel reiben und mit dem Sauerkraut kochen. Besonders schmackhaft wird das Sauerkraut auch, wenn Würste oder gekochtes Fleisch 10 Minuten in ihm ziehen.

Auf Märkten finden Sie die Kohlköpfe im Ganzen als Sauerkraut eingelegt.

Sarma

einfach, braucht Zeit, zum Einfrieren
4 Portionen

- 1 Kopf Sauerkraut
- 200 g geräucherter Schweinebauch am Stück
- 350 g gemischtes Hackfleisch
- 50 g Patnareis
- 1 Zwiebel
- 2 Knoblauchzehen
- Salz
- frisch gemahlener weißer Pfeffer
- 2 TL Paprika, edelsüß
- 1 Stück Schinkenknochen
- 1/2 l Fleischbrühe
- 4 EL Öl
- 2 EL Mehl
- 300 g saure Sahne oder Crème fraîche

8 Sauerkrautblätter vom Kopf ablösen und trockentupfen.

Für die Füllung die Schwarte im Ganzen vom Schweinebauch abziehen, das Fleisch fein würfeln und mit dem Hackfleisch vermischen. Die Reiskörner roh untermischen.

Die Zwiebel und die Knoblauchzehen abziehen, fein hacken und zu der Fleischmasse geben. Mit Salz, Pfeffer und 1 Teelöffel Paprikapulver abschmecken.

Die Sauerkrautblätter damit füllen, die Blätter über die Masse schlagen und mit Küchengarn binden. Die Krautrouladen kreisförmig in einem weiten Topf anordnen.

Den Backofen auf 160 °C vorheizen.

In die Mitte des Topfes den Knochen und die Schwarte geben. Das übrige Sauerkraut fein hacken und die Rouladen damit bedecken.

Die Fleischbrühe angießen und den Topf fest verschließen.

Sarma im Backofen 3 Stunden schmoren. 30 Minuten vor Ende der Garzeit das Öl erhitzen, das Mehl und das restliche Paprikapulver darin anschwitzen und sofort mit der verbliebenen Flüssigkeit aus dem Sarmatopf aufgießen. Die Sauce eventuell mit etwas Brühe verlängern, über das Gericht gießen und den Topf zugedeckt weitere 30 Minuten in den Backofen stellen.

Vor dem Servieren das Küchengarn entfernen und die Rouladen auf einem Bett aus gehacktem Kraut anrichten. Mit der sauren Sahne übergießen.

Nährwerte pro Portion
Kilokalorien 960, Kilojoule 4000, Eiweiß/g 36, Kohlenhydrate/g 21, Fett/g 75, Ballaststoffe/g 3,6

Grünkohl mit Pinkel

einfach, braucht Zeit
4 Portionen

- 2 kg Grünkohl
- Salz
- 400 g magerer geräucherter Speck am Stück
- 2 Zwiebeln
- 3 EL Schmalz
- frisch gemahlener schwarzer Pfeffer
- 1 Prise Zucker
- frisch geriebene Muskatnuss
- 1 EL gekörnte Brühe
- 4 Pinkelwürste (Grützwürste)

Den Grünkohl von den dickeren Rippen befreien, gründlich waschen und abtropfen lassen.

In einem großen Topf 400 ml Wasser mit 1 Teelöffel Salz zum Kochen bringen. Den Grünkohl zufügen und zugedeckt bei mittlerer Hitze 5 Minuten garen. Anschließend in ein Sieb abschütten und dabei das Kochwasser auffangen. Den Grünkohl etwas auskühlen lassen und grob hacken.

Den mageren Speck in ca. 1/2 cm dicke Scheiben schneiden. Die Zwiebeln abziehen und hacken.

In einem Schmortopf das Schmalz erhitzen. Speckscheiben und Zwiebeln darin etwa 4 Minuten glasig dünsten.

Den gehackten Grünkohl zufügen und kurz anschmoren. Das Kochwasser angießen. Mit Salz, Pfeffer, Zucker, geriebener Muskatnuss und gekörnter Brühe würzen. Zugedeckt bei kleiner Hitze 1 Stunde köcheln lassen, dabei gelegentlich umrühren.

Die Pinkelwürste mit der Gabel anstechen und zum Grünkohl geben. 15 bis 20 Minuten darin erwärmen.

Mit Salzkartoffeln servieren.

Nährwerte pro Portion
Kilokalorien 1010, Kilojoule 4200, Eiweiß/g 50, Kohlenhydrate/g 6, Fett/g 82, Ballaststoffe/g 12,3

Variation

Den gedämpften Wirsing mit gerösteten Semmelbröseln übergießen. Dazu 4 Esslöffel Semmelbrösel in 80 g Butter unter ständigem Rühren 5 Minuten rösten, über den Wirsing verteilen und sofort servieren.

Wirsing in Sahnesauce

einfach
4 Portionen

- 1 kg Wirsing
- 30 g Butterschmalz
- Salz
- 1 Zwiebel
- 150 g Frühstücksspeck am Stück
- 20 g Butter
- 30 g Mehl
- 150 g Schlagsahne
- frisch gemahlener Pfeffer
- 1 Prise Zucker
- frisch geriebene Muskatnuss

Den Wirsing putzen, vierteln, waschen und abtropfen lassen. Die Viertel hobeln und den Strunk wegwerfen.

Das Schmalz in einem großen Topf erhitzen und den Wirsing unter Rühren einige Minuten anbraten. 1 l Wasser zugießen und leicht salzen. Im geschlossenen Topf etwa 25 Minuten garen. Dann den Wirsing abgießen, dabei die Gemüsebrühe auffangen.

Die Zwiebel abziehen und fein hacken. Den Speck in schmale Streifen schneiden.

In einer Kasserolle die Butter schmelzen und den Speck darin auslassen. Die Zwiebel zufügen und glasig dünsten. Das Mehl darüber stäuben und goldgelb anschwitzen.

1/2 l der Gemüsebrühe und die Sahne unter Rühren angießen und 5 Minuten köcheln lassen.

Den Wirsing unter die Sauce mischen und 3 Minuten darin ziehen lassen. Die Sauce mit Salz, Pfeffer, Zucker und geriebener Muskatnuss abschmecken und in einer vorgewärmten Schüssel servieren.

Wirsing in Sahnesauce und Salzkartoffeln sind eine ideale Beilage zu allen Braten.

Nährwerte pro Portion
Kilokalorien 770, Kilojoule 3210, Eiweiß/g 13, Kohlenhydrate/g 26, Fett/g 65, Ballaststoffe/g 6,6

Geschmorte Wirsingviertel

einfach
4 Portionen

- 1 junger Wirsingkopf
- 3 EL Schweineschmalz
- 1 Zwiebel
- 1 Spritzer Zitronensaft
- 1/8 l Weißwein
- 1/8 l Geflügelbrühe
- 1 Lorbeerblatt
- Salz
- frisch gemahlener weißer Pfeffer

Den Wirsingkopf putzen, in Viertel schneiden und holzige Teile herausschneiden.

In einem weiten Topf oder in einer Pfanne mit hohem Rand das Schweineschmalz erhitzen. Die Zwiebel abziehen, grob hacken und im heißen Schweineschmalz kurz andünsten.

Die Wirsingviertel zugeben, ebenfalls kurz andünsten. Mit etwas Zitronensaft beträufeln.

Den Wein und die Brühe zugießen und das Lorbeerblatt einlegen. Salzen und pfeffern.

Den Deckel fest schließen und den Wirsing ca. 25 Minuten auf mittlerer Hitze gar dünsten.

Nährwerte pro Portion
Kilokalorien 150, Kilojoule 650, Eiweiß/g 5, Kohlenhydrate/g 7, Fett/g 12, Ballaststoffe/g 4,8

So putzt man Rosenkohl: Alle welken Blätter entfernen, die Stiele abschneiden und die Röschen unten kreuzweise einschneiden, damit sie gleichmäßig garen.

Rosenkohlgratin mit Haselnüssen

einfach, braucht Zeit
4 Portionen

- 1 kg Rosenkohl
- 2 Zwiebeln
- 1 Knoblauchzehe
- 2 EL Butter
- 1/4 l Brühe
- 1 Messerspitze geriebene Muskatnuss
- Salz
- frisch gemahlener schwarzer Pfeffer
- 300 g Kassler in ca. 1 cm dicken Scheiben
- Fett für die Form
- 50 g gehackte Haselnüsse
- 250 g Doppelrahmfrischkäse
- 4 Eier, getrennt

- 1 ovale feuerfeste Form, 30 cm lang

Den Rosenkohl putzen und waschen.

Die Zwiebeln und den Knoblauch abziehen und fein hacken.

Die Butter in einer Kasserolle erhitzen, Zwiebeln und Knoblauch darin glasig dünsten.

Den Rosenkohl zugeben und die Brühe angießen. Mit Muskatnuss, Salz und Pfeffer würzen und bei mittlerer Hitze zugedeckt ca. 15 Minuten dünsten.

Das Kassler in kleine Würfel schneiden, unter den Rosenkohl mischen und samt dem Sud in die gefettete Auflaufform umfüllen.

Die gehackten Haselnüsse in einer trockenen heißen Pfanne unter Rühren anrösten.

Den Frischkäse mit dem Eigelb verrühren und über den Rosenkohl verteilen.

Das Eiweiß mit 1 Prise Salz sehr steif schlagen und zum Schluss die Haselnüsse unterheben. Den Eischnee auf den Auflauf häufen. Im vorgeheizten Backofen bei 175 °C auf der 2. Schiene von unten ca. 20 Minuten backen. In der Form auftragen.

Dazu schmeckt Kartoffelpüree.

Nährwerte pro Portion
Kilokalorien 630, Kilojoule 2640, Eiweiß/g 38, Kohlenhydrate/g 12, Fett/g 48, Ballaststoffe/g 10,3

Statt der abgebildeten Cimone-Röschen können Sie auch Brokkoli oder Blumenkohl verwenden. Die Zubereitung eignet sich auch bestens als Resteverwertung von Kohlröschen. Sie passt zu allen Fleischgerichten.

Kohlröschen auf römische Art

einfach, Blitzrezept
2 Portionen

- 250 g Cimone- oder Romanescoröschen
- Salz
- 50 g magerer Bauchspeck am Stück
- 2 EL natives Olivenöl
- 1 Knoblauchzehe
- 1 kleine, frische rote Chilischote
- 2 EL Zitronensaft

Die Kohlröschen putzen und waschen, zerteilen und die Stiele abschneiden. Zugedeckt in wenig Salzwasser etwa 8 Minuten dünsten.

Inzwischen den Bauchspeck klein würfeln, mit 1 Esslöffel Olivenöl in einer Pfanne ausbraten. Den Knoblauch abziehen, dazupressen und kurz anschwitzen.

Die Chilischote aufschlitzen, die kleinen Kerne sorgfältig entfernen, die Schote hacken und ebenfalls in die Pfanne geben.

Den Zitronensaft mit etwas Salz verrühren, das übrige Öl mit dem Schneebesen unterschlagen, bis eine sämige Sauce entstanden ist. Den Bauchspeck untermischen und dann den abgetropften Kohl darin wenden. Einige Minuten durchziehen lassen.

Nährwerte pro Portion
Kilokalorien 200, Kilojoule 850, Eiweiß/g 8, Kohlenhydrate/g 3, Fett/g 17, Ballaststoffe/g 4

Leipziger Allerlei

einfach, braucht Zeit, zum Einfrieren
4 Portionen

- 30 g getrocknete Morcheln
- 250 g grüne und weiße Spargelköpfe
- 250 g junge Möhren
- 1/2 kleiner Blumenkohl
- 1/2 l Brühe
- 50 g Butter
- Salz
- 1 Prise Zucker
- 200 g tiefgekühlte Erbsen
- 20 g Mehl
- 125 g Schlagsahne
- 30 g Krebsbutter
- frisch gemahlener weißer Pfeffer
- frisch geriebene Muskatnuss

Die Morcheln in 200 ml Wasser 1 Stunde einweichen, abgießen, den Sud aufbewahren und die Pilze je nach Größe ganz lassen oder halbieren.

Spargelköpfe, Möhren und Blumenkohl schälen bzw. putzen und waschen. Spargel und Möhren in 5 cm lange Stücke schneiden, Blumenkohl in Röschen teilen.

Die Brühe mit 1 Esslöffel Butter, Salz und 1 Prise Zucker in einem Topf aufkochen. Die Möhren hineingeben und 5 Minuten garen. Dann Blumenkohlröschen und Spargel untermischen und weitere 8 Minuten zugedeckt köcheln lassen. Die tiefgekühlten Erbsen und die Morcheln zufügen. Alles 10 Minuten bei kleiner Hitze garen.

Das Gemüse abgießen und dabei die Kochbrühe auffangen.

Die restliche Butter in einem Topf zerlassen. Das Mehl einrühren und goldgelb anschwitzen. Die Gemüsebrühe angießen und unter Rühren 2 Minuten kochen.

Den Morchelsud durch ein Haarsieb dazugießen. Die Schlagsahne und die Krebsbutter einrühren und die Sauce etwas einkochen lassen.

Das gegarte Gemüse in die Sauce geben und darin erwärmen, nicht mehr kochen. Mit Salz, Pfeffer und geriebener Muskatnuss abschmecken.

Nährwerte pro Portion
Kilokalorien 350, Kilojoule 1470, Eiweiß/g 9, Kohlenhydrate/g 17, Fett/g 27, Ballaststoffe/g 1,6

Überbackene Blumenkohlröschen

einfach
4 Portionen

- 1 Blumenkohl
- Salz
- 300 g Schlagsahne
- 2 gestrichene EL Speisestärke
- 4 Eier
- 2 Bund Dill
- frisch gemahlener weißer Pfeffer
- 1 Messerspitze geriebene Muskatnuss
- Saft von 1/2 Zitrone
- Butter für die Form
- 2 große Fleischtomaten
- 4 mittelgroße gekochte Kartoffeln
- 100 g geriebener Käse, z. B. Emmentaler

Den Blumenkohl putzen, in Röschen zerteilen und waschen. Die Röschen in einem großen Topf in 1/2 l Salzwasser 10 Minuten kochen, aus dem Topf heben und abtropfen lassen.

Die Schlagsahne mit der Speisestärke verquirlen. Das Blumenkohlwasser wieder zum Kochen bringen und die Sahne einrühren. Bei kleiner Hitze unter Rühren ausquellen lassen. Vom Herd nehmen und etwas abkühlen lassen. Die Eier verquirlen und unter die Sauce ziehen.

Den Dill waschen, trockenschütteln und hacken. In die Sauce rühren, mit Salz, Pfeffer, Muskatnuss und Zitronensaft abschmecken.

Eine feuerfeste Form mit Butter ausstreichen.

Die Tomaten und Kartoffeln in Scheiben schneiden, schwach salzen und pfeffern und abwechselnd in die Form schichten. Die Blumenkohlröschen darauf setzen und mit der Dillsauce übergießen. Den Käse darüber streuen. Im vorgeheizten Backofen bei 225 °C ca. 30 Minuten überbacken. In der Form auftragen.

Dazu schmeckt grüner Salat mit einer Kräutervinaigrette.

Nährwerte pro Portion
Kilokalorien 500, Kilojoule 2120, Eiweiß/g 21, Kohlenhydrate/g 23, Fett/g 37, Ballaststoffe/g 5,8

Das Brokkoliparfait passt hervorragend als Beilage zu Fleischgerichten mit Sauce.
Es schmeckt auch als vegetarisches Gericht mit einer Käse- oder Tomatensauce.

Brokkoliparfait

einfach, braucht Zeit
4 Portionen

- 1 kg Brokkoli
- 40 g Butter
- 400 ml Hühnerbrühe
- Salz
- frisch gemahlener weißer Pfeffer
- frisch geriebene Muskatnuss
- 30 g frische Weißbrotkrume oder Püreeflocken oder 1 kleine Pellkartoffel, durchgepresst
- 1 Bund glatte Petersilie
- 1 Knoblauchzehe
- 4 Eier
- 100 g Crème fraîche
- Butter für die Form

- 1 Kastenform von 1,5 l Inhalt

Den Brokkoli waschen und putzen. Etwa 200 g kleine Brokkoliröschen zum Garnieren beiseite legen. Den restlichen Brokkoli in Röschen zerteilen und die Stiele klein schneiden.

Das Gemüse mit 30 g Butter, der Hühnerbrühe und den Gewürzen knapp gar kochen. Dann aus der Brühe heben und pürieren.

Brotkrume, Flocken oder Kartoffel einrühren.

Die Petersilie waschen, trockenschütteln und die Blätter fein hacken. Den Knoblauch abziehen und fein hacken. Beides in 10 g Butter dünsten und mit dem Brokkolipüree mischen. Die Eier zugeben und gründlich verrühren. Dann die Crème fraîche unterziehen und die Masse mit Salz, Pfeffer und Muskatnuss abschmecken.

Die Kastenform mit Butter ausstreichen und die Gemüsemischung einfüllen.

Im vorgeheizten Backofen bei 200 °C ein heißes Wasserbad vorbereiten und die Form hineinstellen. Das Brokkoliparfait 50 Minuten garen. Wenn die Oberfläche zu bräunen beginnt, einen Streifen gebuttertes Pergamentpapier auflegen.

Inzwischen die restlichen Brokkoliröschen in Salzwasser 6 bis 8 Minuten kochen. Sie sollen weich, aber noch bissfest sein.

Das Brokkoliparfait zur Garprobe anstechen. Wenn es noch weich oder feucht ist, 10 Minuten länger garen. Dann aus dem Backofen nehmen und 5 Minuten setzen lassen. Den Auflauf auf eine vorgewärmte Platte stürzen und mit den Brokkoliröschen garnieren.

Nährwerte pro Portion
Kilokalorien 320, Kilojoule 1320, Eiweiß/g 14, Kohlenhydrate/g 9, Fett/g 23, Ballaststoffe/g 6,1

Blumenkohlcremesuppe

einfach, Blitzrezept
2 Portionen

- 400 g Blumenkohl
- 30 g Butter
- 1/4 l Hühnerfond (ersatzweise gute Brühe)
- 250 g Schlagsahne
- Salz
- frisch gemahlener weißer Pfeffer
- 1 Prise geriebene Muskatnuss
- 1 kleines Eigelb
- 50 g gekochte, geschälte Garnelen
- frische Kräuter zum Garnieren

Den Blumenkohl putzen und waschen. Alle Röschen knapp abschneiden. Den Strunk schälen und würfeln, in einem Topf in der Butter unter Rühren anschwitzen.

Mit dem Hühnerfond und 200 g Sahne ablöschen. Aufkochen und zugedeckt gut 5 Minuten garen. Im Mixer glatt pürieren. Zurück in den Topf gießen, mit Salz, Pfeffer und Muskat abschmecken. Die Kohlröschen hineingeben und zugedeckt knapp 10 Minuten garen.

Die Kohlröschen mit einer Schaumkelle herausheben. Die Suppe mit dem elektrischen Handrührer oder im Mixer aufschlagen. Eigelb und die restliche Sahne verrühren, die Suppe damit binden. Blumenkohlröschen und die Garnelen hineingeben und kurz ziehen lassen. Mit Kräuterblättchen garnieren.

Nährwerte pro Portion
Kilokalorien 640, Kilojoule 2700, Eiweiß/g 19, Kohlenhydrate/g 10, Fett/g 57, Ballaststoffe/g 6

Hülsenfrüchte

Erbsen, Linsen, Bohnen das Kochen wird sich lohnen! Frische grüne Bohnen zu zarten Matjes sind manchem Feinschmecker als Frühlingsgruß noch lieber als ein schöner Tulpenstrauß. Mit jungen Erbsen, auf dem Markt gekauft und selbst gepalt, kündigt sich der Sommer an. Wenn im Herbst das Wild Saison hat, lässt man sich gerne Rebhuhn mit Linsen schmecken, und im Winter wärmt dicker Erbseneintopf den Magen. Hülsenfrüchte, diese eiweißreichsten unter allen Gemüsen, bieten Genuss zu jeder Jahreszeit.

Frische grüne Bohnen, Erbsen und Zuckerschoten gehören zu den wirklichen Delikatessen. Bodenständiger, aber ebenso beliebt, sind die getrockneten Hülsenfrüchte, darunter vor allem die Linsen.

Zwei kulinarische Wellen haben die etwas vernachlässigten Hülsenfrüchte wieder interessant gemacht: Die zunehmende Beliebtheit der asiatischen Küche, in der Hülsenfrüchte eine wichtige Rolle spielen, und das „Sprossenfieber" in der Vollwertkost. Getrocknete Hülsenfrüchte müssen nämlich nicht unbedingt in den Eintopf wandern, sie können auch keimen! Diese Sprossen sind eine ebenso attraktive wie leckere Bereicherung für Rohkost und Salate.

Den Mais haben wir etwas willkürlich aber nicht ganz unberechtigt den Hülsenfrüchten angeschlossen. Das Getreide stammt aus den südamerikanischen Anden. Seine Körner passen gut zu Erbsen und Bohnen und werden in Amerika wie auch bei uns gern miteinander zubereitet.

Variation

Der Bohnensalat kann zu einem kleinen kompletten Imbiss erweitert werden, indem Sie Würfel von Thunfisch, Fetakäse oder kaltem Braten untermischen.

Bohnensalat mit Knoblauch

Bohnen über Nacht oder mehrere Stunden einweichen

einfach, braucht Zeit
4 Portionen

- 400 g dicke weiße Bohnen
- Salz
- 4 Knoblauchzehen
- 4 nicht zu scharfe rote Chilischoten
- 4 Frühlingszwiebeln
- 1/2 Bund Koriandergrün (ersatzweise glatte Petersilie)
- 4 EL Essig
- 8 EL Olivenöl
- frisch gemahlener schwarzer Pfeffer

Die Bohnen über Nacht oder mehrere Stunden mit Wasser bedeckt quellen lassen und dann mit dem Einweichwasser zum Kochen bringen. Die Bohnen ca. 1 Stunde köcheln lassen und erst salzen, wenn sie weich werden.

Inzwischen die Knoblauchzehen abziehen und der Länge nach in Stifte schneiden. Die Chilischoten putzen, aufschlitzen, entkernen und grob hacken. Die Frühlingszwiebeln abziehen, putzen, waschen und in feine Ringe schneiden. Den Koriander waschen, trockenschütteln und die Blätter hacken.

Aus Essig und Olivenöl eine Marinade rühren und die gegarten Bohnen noch warm darin wenden. Die Bohnen mit Salz abschmecken, kräftig mit Pfeffer würzen und mit Knoblauch und Chilischoten vermengen. Erst wenn der Bohnensalat abgekühlt ist, die Frühlingszwiebeln und das Koriandergrün zugeben.

Den Salat vor dem Servieren möglichst 1 Stunde zugedeckt ziehen lassen.

Nährwerte pro Portion
Kilokalorien 500, Kilojoule 2100, Eiweiß/g 22, Kohlenhydrate/g 43, Fett/g 26, Ballaststoffe/g 18

Spanischer Gemüsesalat

einfach, braucht Zeit
4 Portionen

- 1 Packung tiefgekühlte grüne Bohnen, 350 g
- Salz
- 1 große Zwiebel
- 2 Knoblauchzehen
- 4 EL Weißwein- oder Sherryessig
- 6 El Olivenöl
- frisch gemahlener schwarzer Pfeffer
- 1 kleine Dose Maiskörner
- 12 Cocktailtomaten
- 2 Bund glatte Petersilie

Die Bohnen knapp mit Salzwasser bedecken und 5 Minuten kochen. Abtropfen lassen und in eine große Salatschüssel geben.

Inzwischen die Zwiebel und die Knoblauchzehen abziehen und fein hacken.

Essig mit Salz und Olivenöl zu einer sämigen Marinade schlagen.

Zwiebel, Knoblauch und die Marinade über die noch warmen Bohnen verteilen und reichlich mit frisch gemahlenem Pfeffer bestreuen.

Die Maiskörner abtropfen lassen. Die Cocktailtomaten waschen, trocknen und halbieren. Die Petersilie waschen, trockentupfen und die Blätter grob hacken.

Alle Zutaten unter die Bohnen heben und den Salat mindestens 1 Stunde durchziehen lassen.

Vor dem Servieren mit Salz und Pfeffer abschmecken.

Variation

16 grüne Oliven, mit Paprika gefüllt, in Ringe schneiden und untermischen.

Nährwerte pro Portion
Kilokalorien 280, Kilojoule 1190, Eiweiß/g 7, Kohlenhydrate/g 18, Fett/g 19, Ballaststoffe/g 8,5

Für alle getrockneten Hülsenfrüchte gilt: immer im kalten Wasser aufsetzen und langsam zum Kochen bringen. Dadurch entsteht weniger Schaum, der beim Kochen abgeschöpft werden muss. Bei schwacher Hitze auf den Punkt garen und erst gegen Ende der Kochzeit salzen. Salz verzögert das Weichwerden.

Bohnengemüse mit Safran

Die Bohnen über Nacht einweichen

einfach, braucht Zeit
4 Portionen

- 500 g getrocknete weiße Bohnen
- Salz
- 1 große Gemüsezwiebel
- 6 Knoblauchzehen
- 2 Chilischoten
- 4 feste, reife Strauchtomaten
- 2 EL Olivenöl
- 1/2 TL gemahlener Kreuzkümmel
- 1 Messerspitze gemahlener Kardamom
- 1 g gestoßener Safran
- 2 EL Tomatenmark
- 1 Bund Koriandergrün

Die Bohnen in 1 l Wasser über Nacht einweichen. Mit dem Wasser in einem Topf aufkochen und zugedeckt 40 Minuten köcheln lassen. 1/2 Teelöffel Salz zugeben und fertig kochen.

Die Zwiebel abziehen und in kleine Würfel schneiden. Die Knoblauchzehen abziehen und fein hacken. Die Chilischoten putzen, waschen, aufschlitzen, entkernen und fein hacken. Die Tomaten waschen, entkernen und in Würfel schneiden.

Das Olivenöl in einer weiten Pfanne erhitzen und die Zwiebeln darin glasig dünsten. Knoblauch, Chilischoten, die Gewürze und 1/2 Teelöffel Salz zugeben und unter Rühren dünsten. Die Tomaten zugeben. Das Tomatenmark mit 2 Esslöffeln Bohnenwasser verrühren und zusammen mit der Mischung aus der Pfanne zu den Bohnen in den Topf geben. Das Gemüse bei schwacher Hitze 20 Minuten köcheln lassen.

Das Koriandergrün waschen, trockenschütteln und die Blätter grob hacken. Das fertige Bohnengemüse in eine Schüssel füllen und mit dem Koriander bestreuen.

Nährwerte pro Portion
Kilokalorien 420, Kilojoule 1750, Eiweiß/g 28, Kohlenhydrate/g 56, Fett/g 8, Ballaststoffe/g 23

Gemüse aus dem Wok „Phad Pak“

einfach
4 Portionen

- 800 g gemischtes Gemüse, wie z. B. Lauch, Chinakohl, Brokkoli, Karotten, rote und grüne Paprikaschoten, Zucchini, Pilze, Zuckererbsen, grüne Bohnen und Bambussprossen
- 4 Frühlingszwiebeln
- 100 g frische Sojasprossen
- 4 Knoblauchzehen
- 6 EL Öl
- 2 EL Fischsauce
- 2 EL helle Sojasauce
- 2 EL Austernsauce
- frisch gemahlener schwarzer Pfeffer

Das Gemüse waschen, putzen und in mundgerechte Stücke schneiden. Die Sojasprossen verlesen. Die Knoblauchzehen abziehen und fein hacken.

Das Öl im Wok erhitzen und den Knoblauch darin andünsten. Die Gemüsesorten außer den Frühlingszwiebeln und den Sojasprossen zugeben und bei starker Hitze unter Rühren 2 Minuten dünsten.

Fischsauce, Sojasauce und Austernsauce zugeben und alles gut verrühren. Frühlingszwiebeln und Sojasprossen untermischen und das Gemüse mit Pfeffer abschmecken.

Sofort servieren.

Nährwerte pro Portion
Kilokalorien 260, Kilojoule 1100, Eiweiß/g 8, Kohlenhydrate/g 11, Fett/g 20, Ballaststoffe/g 7,5

Bohnen-Grünkern-Topf

Die Bohnen über Nacht einweichen

einfach, braucht Zeit, zum Einfrieren
6 Portionen

- 500 g getrocknete Bohnen (möglichst viele verschiedene Sorten und Farben)
- 100 g Linsen
- 100 g Grünkern
- 20 g getrocknete Steinpilze
- 1 große Gemüsezwiebel
- 2–3 Knoblauchzehen
- 1/2 Selleriestaude
- 1 große Möhre
- 4 EL Olivenöl
- 1/4 l trockener Weißwein
- 2–3 EL gekörnte Gemüsebrühe
- 2 Lorbeerblätter
- 1 EL getrocknete Kräuter (Thymian, Majoran, Rosmarin)
- Salz
- frisch gemahlener schwarzer Pfeffer

Die Bohnen über Nacht, mindestens aber 8 Stunden lang in 3 l Wasser einweichen.

Die Linsen waschen und gut abtropfen lassen. Den Grünkern unter fließendem Wasser in einem Sieb waschen. Die Steinpilze in wenig warmem Wasser einweichen.

Zwiebel und Knoblauch abziehen und fein hacken. Alles Gemüse waschen, putzen und klein schneiden. Die Steinpilze abtropfen lassen, den Sud auffangen, die Pilze eventuell klein schneiden.

Das Öl in einem Bräter erhitzen, Zwiebel und Knoblauch darin glasig werden lassen. Pilze und das Gemüse unter Rühren mit anschwitzen.

Den Grünkern einrühren, die Bohnen samt ihrem Einweichsud und die Linsen dazugeben. Pilzsud und den Wein angießen. Die gekörnte Brühe einrühren, Lorbeerblätter und die Kräuter untermischen.
Den Eintopf aufkochen und zugedeckt gut 1 Stunde garen, eventuell noch etwas Wasser angießen. Mit Salz und Pfeffer abschmecken.

Nährwerte pro Portion
Kilokalorien 480, Kilojoule 2000, Eiweiß/g 26, Kohlenhydrate/g 67, Fett/g 8, Ballaststoffe/g 21

Dazu passen Frankfurter Würstchen, Lyoner oder Regensburger.

Linseneintopf

einfach, braucht Zeit, zum Einfrieren
4 Portionen

- 200 g Linsen
- 1 Zwiebel
- 1 Lorbeerblatt
- 2 Nelken
- 100 g roher geräucherter Schweinebauch am Stück
- 1 Schinkenknochen
- 1 Stück Speckschwarte
- 1 Kräutersträußchen aus glatter Petersilie, Liebstöckel, Bohnenkraut und Selleriegrün
- Salz
- 1 Möhre
- 1/2 Lauchstange
- 100 g Knollensellerie
- 1 Kartoffel
- 1 Knoblauchzehe
- 1 EL Butterschmalz
- 1/4 l Brühe
- frisch gemahlener Pfeffer
- 2–3 EL milder Essig
- 20 g Butter
- 2 EL Zucker
- 2 EL Schlagsahne

Die Linsen, gut mit Wasser bedeckt, 1 Stunde einweichen. Dann abgießen und spülen. Die Zwiebel abziehen und mit Lorbeerblatt und Nelken spicken.

Die Linsen im Kochtopf mit Wasser bedecken. Zwiebel, Schweinebauch, Knochen und Schwarte zugeben und die Linsen langsam zum Kochen bringen. Das Kräutersträußchen einlegen. Die Linsen köcheln lassen, bis sie weich zu werden beginnen. Das kann je nach Größe 40 bis 50 Minuten dauern. Schwach salzen und fertig garen. Dann abgießen und alle eingelegten Zutaten entfernen, nur den Schweinebauch aufheben.

Inzwischen das Gemüse schälen bzw. putzen, waschen und fein schneiden. Den Knoblauch abziehen und hacken. Den Schweinebauch fein würfeln.

Den Kochtopf ausspülen und trocknen. Das Butterschmalz darin zerlassen und alle Gemüse, Knoblauch und Schweinebauch anrösten. Mit der Brühe löschen und 5 Minuten aufkochen. Die Linsen zugeben und mit Salz, Pfeffer und Essig abschmecken.

Die Butter schmelzen, den Zucker darin karamellisieren und in den Eintopf geben. Die Schlagsahne unterrühren.

Nährwerte pro Portion
Kilokalorien 400, Kilojoule 1690, Eiweiß/g 18, Kohlenhydrate/g 37, Fett/g 20, Ballaststoffe/g 7,2

Okraschoten
Für dieses Gericht die Schoten nur putzen, nicht aufschneiden.

Kichererbsenauflauf mit Joghurt

Kichererbsen über Nacht einweichen

einfach, braucht Zeit
4 Portionen

- 150 g Kichererbsen
- 1 Lorbeerblatt
- Salz
- 2 Möhren
- 2 Zucchini
- 2 Stangen Sellerie
- 250 g Okraschoten
- 2 Fleischtomaten
- 2 Gemüsezwiebeln
- 4 Knoblauchzehen
- 4 EL Olivenöl
- frisch gemahlener schwarzer Pfeffer
- 1 TL Kurkumapulver
- 1 Prise Nelkenpulver
- 3 Sardellenfilets
- Fett für die Form
- 2 Zweige frische Minze
- 500 g türkischer Joghurt
- 1 EL Speisestärke
- 4 Eier
- 1 TL getrockneter Oregano

Die Kichererbsen in einen Topf geben, mit Wasser bedecken und über Nacht einweichen. Am nächsten Tag mit dem Einweichwasser und dem Lorbeerblatt zum Kochen bringen, 30 Minuten köcheln lassen und 1/2 Teelöffel Salz zugeben.

Inzwischen das Gemüse waschen, putzen und die Möhren schälen. Möhren, Zucchini und Sellerie in Scheiben schneiden, die Okraschoten ganz lassen. Die Tomaten grob würfeln. Die Zwiebeln und den Knoblauch abziehen und hacken.

Das Olivenöl in einer tiefen Pfanne erhitzen, Zwiebeln und Knoblauch darin glasig dünsten. Das Gemüse zufügen und 10 Minuten vorgaren.

Die Kichererbsen abgießen und abtropfen lassen, das Lorbeerblatt entfernen. Die Ki-

chererbsen unter das Gemüse mischen, mit Salz, Pfeffer, Kurkuma- und Nelkenpulver würzen.

Die Sardellenfilets unter kaltem Wasser abspülen, abtrocknen, fein hacken und zum Gemüse geben.

Eine feuerfeste Form ausfetten und die Gemüsemischung einfüllen.

Die Minze waschen, trockentupfen und die Blätter fein hacken.

Den Joghurt schaumig schlagen. Die Speisestärke, die Eier und die Kräuter unterrühren. Die Joghurtsauce über den Gemüseauflauf gießen. Im vorgeheizten Backofen bei 175 °C ca. 35 Minuten überbacken.

Mit türkischem Fladenbrot servieren.

Nährwerte pro Portion
Kilokalorien 540, Kilojoule 2250, Eiweiß/g 22, Kohlenhydrate/g 33, Fett/g 35, Ballaststoffe/g 10,7

Maisplätzchen

einfach
4 Portionen

- 2 Frühlingszwiebeln
- 1–2 frische rote Chilischoten
- 1/2 EL Butter
- 1 kleine Dose Maiskörner, 285 g Abtropfgewicht
- 1 TL Salz
- 100 g Maisgrieß (vorbehandelt)
- 1 Ei
- frisch gemahlener schwarzer Pfeffer
- 1 l Sonnenblumen- oder Sojaöl zum Frittieren

Die Frühlingszwiebeln putzen, waschen und fein hacken. Die Chilischoten waschen, putzen, aufschlitzen und entkernen, dann ebenfalls fein hacken.

Die Butter in einer Pfanne zerlassen, die Zwiebeln darin glasig dünsten und vom Herd nehmen.

Den Mais in einem Sieb abtropfen lassen.

1/2 l Wasser (oder nach Packungsanleitung) mit dem Salz zum Kochen bringen. Den Maisgrieß langsam einstreuen und unter Rühren etwa 5 Minuten kochen, bis sich der Brei vom Topfrand löst. Den Topf vom Herd nehmen, das Ei und frisch gemahlenen Pfeffer einrühren. Frühlingszwiebeln, Chilischoten und Maiskörner unter den Brei ziehen.

Die Masse auf einem kalt gespülten Brett gut 1 cm dick ausstreichen und erkalten lassen. Aus dem kalten Teig runde Plätzchen von 5 cm Durchmesser ausstechen.

Das Öl in einem Frittiertopf oder einer Pfanne mit hohem Rand erhitzen und die Maisplätzchen portionsweise goldbraun backen.

Die fertigen Plätzchen kurz auf Küchenpapier abtropfen lassen und im vorgeheizten Backofen bei 100 °C warm halten.

Als Beilage zu Fleischgerichten und Salaten reichen.

Nährwerte pro Portion
Kilokalorien 350, Kilojoule 1450, Eiweiß/g 6, Kohlenhydrate/g 29, Fett/g 23, Ballaststoffe/g 3,6

Gegrillte Polenta und Maiskolben

einfach, braucht Zeit
4 Portionen

- Salz
- 250 g Polentamehl (Maisgrieß)
- 4 Maiskolben aus der Dose
- Öl zum Bestreichen

1 Liter Wasser mit 1 Teelöffel Salz zum Kochen bringen, das Polentamehl unter ständigem Rühren in das Wasser rieseln lassen und 5 Minuten kochen. Dann auf kleinster Hitze etwa 40 Minuten gar ziehen lassen, dabei immer wieder durchrühren.

Die gekochte Polenta auf einem mit kaltem Wasser abgespülten Blech 1,5 cm dick ausstreichen und voll auskühlen lassen.

Dann die Polenta in Rechtecke schneiden und auf dem gefetteten Grillrost bei guter Mittelhitze etwa 10 Minuten rösten. Dabei einmal wenden.

Die Maiskolben auf Küchenpapier gut trocknen, mit Öl einstreichen und bei nicht zu starker Hitze etwa 10 Minuten rundherum goldbraun grillen. Mit Salz bestreuen.

Nährwerte pro Portion
Kilokalorien 300, Kilojoule 1240, Eiweiß/g 7, Kohlenhydrate/g 55, Fett/g 5, Ballaststoffe/g 4,6

TIPP

Schneller gelingt die Polenta, wenn man vorbehandelten Maisgrieß verwendet, der nach 5 Minuten Kochzeit bereits fertig ist.

Gelbe Erbsensuppe

Die Erbsen 4 Stunden in kaltem Wasser vorweichen

einfach, braucht Zeit, zum Einfrieren
4 Portionen

- 200 g getrocknete gelbe Erbsen
- 2 Zwiebeln
- 1 Bund Suppengrün
- 1/2 TL getrockneter Liebstöckel
- frisch gemahlener Pfeffer
- Salz

- 2 geräucherte Würste, z. B. Polnische
- 100 g geräucherter Schweinebauch

Die vorgeweichten Erbsen abtropfen lassen und mit 2 l Wasser in einen Suppentopf geben. 1 Zwiebel abziehen und hacken, mit dem gebündelten Suppengrün, Liebstöckel und Pfeffer zu den Erbsen geben. Die Suppe einmal aufkochen und dann bei kleiner Hitze 1 Stunde köcheln lassen bzw. bis die Erbsen weich werden, dann salzen.

10 Minuten vor Ende der Kochzeit die Würste anstechen und in die Suppe legen.

Den Schweinebauch klein würfeln, in einer trockenen, heißen Pfanne ausbraten und auf Küchenpapier abtropfen lassen. Die 2. Zwiebel abziehen, in feine Ringe schneiden und im Speckfett goldbraun rösten.

Die Würste aus der fertigen Suppe heben und in Scheiben schneiden. Das Suppengrün entfernen und die Hälfte der Erbsensuppe pürieren. Suppe und Püree gründlich verrühren und abschmecken.

Wurstscheiben hineingeben, mit Speckwürfeln und Zwiebelringen garnieren. Nach Belieben das Speckfett darüber träufeln.

Nährwerte pro Portion
Kilokalorien 380, Kilojoule 1950, Eiweiß/g 25, Kohlenhydrate/g 22, Fett/g 21, Ballaststoffe/g 8,8

Linsencremesuppe

einfach, braucht Zeit, zum Einfrieren
4 Portionen

- 250 g Linsen
- 1 1/2 l Wasser oder Brühe
- 1 Suppenknochen
- 1 kleines Stück Speckschwarte
- 1 Zwiebel
- 2 Gewürznelken
- 1 Lorbeerblatt
- 1 Kräutersträußchen (Petersilie, Liebstöckel, Majoran, Estragon)
- Salz
- frisch gemahlener schwarzer Pfeffer
- 2–3 EL Essig
- 125 g Crème fraîche
- 50 g durchwachsener Räucherspeck
- 1 EL Butterschmalz
- 2 Scheiben Weißbrot

Die Linsen waschen, gut abtropfen lassen und mit Wasser oder Brühe in einen großen Topf geben. Suppenknochen und die Speckschwarte dazugeben. Die Zwiebel abziehen und mit Nelken und Lorbeerblatt spicken, mit dem Kräutersträußchen in den Topf geben. Langsam zum Kochen bringen.

Bei schwacher Hitze 1 bis 1 1/2 Stunden kochen lassen, bis die Linsen weich sind. Das kann je nach Größe der Linsen unterschiedlich lange dauern.

Knochen, Schwarte, Zwiebel und Kräutersträußchen entfernen. Die Linsen samt Brühe pürieren. Wieder aufkochen, eventuell noch mit etwas Brühe bis zur gewünschten Konsistenz verdünnen. Mit Salz, Pfeffer und Essig abschmecken, die Hälfte der Crème fraîche einrühren.

Den Speck klein würfeln und mit dem Schmalz in einer Pfanne knusprig ausbraten. Die Speckwürfel herausheben und auf Küchenpapier abtropfen lassen.

Das Weißbrot entrinden, klein würfeln und im Speckfett goldgelb rösten.

Speck, Weißbrotwürfel und die übrige Crème fraîche als Garnitur auf der Suppe servieren.

Nährwerte pro Portion
Kilokalorien 480, Kilojoule 2000, Eiweiß/g 18, Kohlenhydrate/g 39, Fett/g 28, Ballaststoffe/g 8

Cremesuppe von frischen grünen Erbsen

einfach, Blitzrezept, zum Einfrieren
4 Portionen

- 4 Frühlingszwiebeln
- 1 EL Butter
- 1 TL Curry
- 1 EL Weizenvollkornmehl
- 600 ml Geflügelfond
- 400 g frisch gepalte grüne Erbsen oder tiefgekühlte Erbsen
- 200 g Crème fraîche
- Salz
- frisch gemahlener schwarzer Pfeffer
- 3–4 Blätter frischer Borretsch
- 1/2 Bund glatte Petersilie

Die Frühlingszwiebeln waschen, putzen und in dünne Ringe schneiden.

Die Butter in einem Topf zerlassen, die Frühlingszwiebeln darin andünsten, mit Curry und Mehl bestäuben und mit 400 ml Geflügelfond auffüllen. 300 g Erbsen zugeben.

Die Suppe aufkochen, dann pürieren und den restlichen Geflügelfond zugießen. 200 g Crème fraîche, Salz, Pfeffer und die restlichen Erbsen zugeben.

Die Suppe köcheln lassen, bis die Erbsen weich sind.

Zum Servieren sehr fein geschnittenen Borretsch und Petersilie zugeben. Die Suppe mit je 1 Teelöffel Crème fraîche garnieren.

Nährwerte pro Portion
Kilokalorien 380, Kilojoule 1600, Eiweiß/g 15, Kohlenhydrate/g 29, Fett/g 21, Ballaststoffe/g 8,5

Pilze

Wer mit Pilzen kocht, hat mehr vom Essen, mehr Geschmack und viel mehr Möglichkeiten. Außerdem rangieren Pilze ganz oben auf der Hitliste von Vegetariern.

In 100 g Pilzen stecken lediglich 20 bis 40 Kalorien. Der Anteil an hochwertigem Eiweiß beträgt 2 bis 3 %. Zudem enthalten sie kleine Mengen an Phosphor sowie einige Vitamine. Der Fett- und Kohlenhydratanteil ist sehr gering, da ihr Wassergehalt um 90 % liegt.

Die Pilze, die so verlockend im Wald stehen, sind nur die „Früchte". Die Pilzpflanze, das Myzel, liegt in der Erde. Deshalb soll man Pilze nicht aus dem Boden reißen, sondern am Fuß abschneiden.

Pilze niemals in Plastiktüten stopfen oder in geschlossenen Taschen transportieren. Am luftigsten liegen sie in Körben, mit Papier oder einem Küchentuch ausgelegt.

Mit Waldpilzen muss man sehr sorgfältig umgehen: Jeder Sammler wird sie schon vorgeputzt in den Korb legen. Zu Hause sollte man sie möglichst nicht waschen, sondern nur mit einem feuchten Tuch oder Küchenpapier abwischen. Schlechte Teile oder Fraßstellen von Schnecken werden herausgeschnitten. Schnecken am Pilz sind übrigens Beweis für einen biologisch einwandfrei gewachsenen Pilz. Nadeln und Erde auf den Lamellen an der Hutunterseite entfernt man am besten mit einem Pinsel. Sollte man Wildpilze waschen müssen, hält man sie einzeln unter sanften Wasserstrahl und trocknet sie sofort wieder ab.

Im Gemüsefach des Kühlschranks kann man Pilze etwa 2 Tage ohne Aromaverlust lagern. Pilze, die nicht sofort gegessen werden, sollten so frisch wie möglich eingefroren, getrocknet oder eingelegt werden.

Dieser Salat ist eine hübsche kleine Vorspeise in einem Frühlingsmenü oder Beilage zu einer Sülze, Fisch- oder Geflügelterrine.

Champignonsalat mit Wildkräutern

einfach, braucht Zeit
4 Portionen

- 200 g gemischte Frühlingskräuter, wie z. B. Löwenzahn, Spitzwegerich, Giersch, Brennnessel, Sauerampfer, Pimpernelle, Brunnenkresse
- 1 Hand voll Gänseblümchen- und Veilchenblüten
- 300 g weiße Champignons
- Saft von 1 Zitrone
- je 1 Prise Salz und Zucker
- frisch gemahlener weißer Pfeffer
- 1 Knoblauchzehe
- 1 EL milder Weißwein- oder Obstessig
- 1 EL Himbeeressig
- 4 EL Traubenkernöl
- 1 EL Haselnussöl

Die Wildkräuter kurz vor der Zubereitung oder am Morgen sammeln. In letzterem Fall zur Aufbewahrung einen Kunststoffbehälter mit etwas feuchtem Küchenpapier auslegen, die ungewaschenen Kräuter locker einfüllen, den Behälter verschließen und in den Kühlschrank stellen. Die Kräuter vor der Zubereitung verlesen, kurz waschen und auf einem Küchentuch ausgebreitet abtropfen lassen. Die Blüten möglichst nicht waschen.

Die Champignons abbrausen, putzen und in Scheiben schneiden. Die Pilze in Zitronensaft wenden, damit sie weiß bleiben.

Für die Marinade Salz, Zucker und Pfeffer in eine kleine Schüssel geben. Die Knoblauchzehe abziehen und halbiert zugeben. Die beiden Essigsorten einrühren, bis sich Salz und Zucker gelöst haben, dann die Marinade mit den beiden Ölsorten sämig aufschlagen.

Die Champignonscheiben abtropfen lassen, in der Marinade wenden und mit Kräutern und Blüten gemischt portionsweise anrichten. Die Knoblauchzehe aus der Marinade entfernen und die Marinade über die Salatportionen träufeln.

Sofort servieren.

Nährwerte pro Portion
Kilokalorien 170, Kilojoule 720, Eiweiß/g 3, Kohlenhydrate/g 5, Fett/g 15, Ballaststoffe/g 3,9

Champignons nach griechischer Art

einfach, Blitzrezept, zum Einfrieren
4 Portionen

- 500 g vollreife Tomaten
- 500 g Champignons
- 100 g Zwiebeln
- 2 Knoblauchzehen
- 100 ml Olivenöl
- 1 EL Tomatenmark
- Salz
- frisch gemahlener Pfeffer
- 2 Frühlingszwiebeln

Die Tomaten kurz in kochendem Wasser blanchieren, häuten, halbieren und die Kerne entfernen. Das Tomatenfleisch würfeln.

Die Champignons abbrausen, auf Küchenpapier trocknen und putzen. Die Zwiebel und die Knoblauchzehen abziehen und hacken.

Das Olivenöl in einer weiten Kasserolle erhitzen. Zwiebel und Knoblauch darin anschwitzen, Tomatenwürfel, Tomatenmark und die Champignons zugeben und mit Salz und Pfeffer würzen. Das Gemüse bei guter Mittelhitze kräftig durchkochen.

Die Frühlingszwiebeln waschen, putzen und in sehr feine Ringe schneiden.

Das eingekochte Champignongemüse vom Herd nehmen und auskühlen lassen. Mit den Frühlingszwiebeln bestreuen und als kalte Vorspeise oder als Beilage in einem Büfett servieren.

Nährwerte pro Portion
Kilokalorien 290, Kilojoule 1200, Eiweiß/g 4, Kohlenhydrate/g 7, Fett/g 25, Ballaststoffe/g 5,6

Dazu passen Fladenbrot oder mit Öl, Knoblauch und Rosmarin geröstete Baguettescheiben.

Gegrillte Pilzkappen

einfach
4 Portionen

- 12 Austernpilzkappen
- 2 Knoblauchzehen
- Salz
- 1/2 TL grob geschroteter schwarzer Pfeffer
- 1/2 TL Korianderkörner
- Saft von 1 Zitrone
- 1/8 l Olivenöl
- 1/2 Bund glatte Petersilie
- 2 Bund Rucola
- 30 g Parmesan, in dünne Scheiben gehobelt

Die Pilze, falls nötig, vorsichtig mit einem Pinsel putzen und die Stiele bis auf 1 cm abschneiden. Die Knoblauchzehen abziehen und im Mörser mit dem Salz, den Korianderkörnern und dem Pfeffer zerdrücken. Den Zitronensaft und das Olivenöl unterrühren und die Marinade über die Pilzkappen verteilen. Die Pilzkappen etwa 20 Minuten darin ziehen lassen.

Dann die Pilze auf dem heißen Grill 8 bis 10 Minuten garen: auf der Innenseite nur kurz, auf der Kappe etwa 4 Minuten.

Die Petersilie waschen, trockenschütteln und fein hacken. Die Rucola verlesen, waschen, trockenschütteln und grob zerteilen.

4 Teller mit Rucola auslegen und die gegrillten Pilze mit der offenen Seite nach oben anrichten. Mit der Petersilie und dem Parmesan bestreuen und die restliche Mari-

Nährwerte pro Portion
Kilokalorien 100, Kilojoule 400, Eiweiß/g 4, Kohlenhydrate/g 1, Fett/g 8, Ballaststoffe/g 1

Panierte Pompon-Pilze

einfach, Blitzrezept
4 Portionen

- 2 Bund Rucola
- 2 EL Zitronensaft
- Salz
- 6 EL Olivenöl

- 100 g Mehl
- 2 Eier
- frisch gemahlener weißer Pfeffer
- 800 g Pompon-Pilze (Affenkopfpilze)
- 100 g Butterschmalz

Von jedem Bund Rucola die Stiele abschneiden, die Blätter waschen und trockenschütteln.

Den Zitronensaft mit 1 Messerspitze Salz verrühren und mit dem Olivenöl sämig aufschlagen.

Die Rucola in der Marinade wenden und als Salatbett auf 4 Teller verteilen.

Das Mehl für die Panade auf einem Teller ausbreiten. In einem 2. tiefen Teller die Eier mit Salz und Pfeffer verquirlen.

Die Pilze nicht waschen. Mögliche Verunreinigungen mit dem Pinsel entfernen bzw. schlechte Stellen ausschneiden. Die Pilze in fingerdicke Scheiben schneiden und zuerst im Mehl, dann in den Eiern wenden.

Das Butterschmalz in einer weiten Pfanne aufschäumen lassen und die panierten Pilzscheiben auf beiden Seiten goldbraun backen. Fertige Scheiben kurz auf Küchenpa-

pier abtropfen lassen und im Backofen warm halten. Die panierten Pompon-Pilze möglichst heiß auf den Salat legen und sofort servieren.

Blüten von Kapuzinerkresse sind hübsch zum Garnieren.

Nährwerte pro Portion
Kilokalorien 430, Kilojoule 1810, Eiweiß/g 12, Kohlenhydrate/g 19, Fett/g 35, Ballaststoffe/g 14

![TIPP]

TIPP

Vor dem Servieren 150 g Crème fraîche unter das Gemüse rühren.

Variation

Eier mit etwas Salz, Pfeffer und 1 Teelöffel Thymianblättchen verquirlen und über die fertigen Pfifferlinge gießen. Mit einem Holzspatel zur Mitte hin zusammenschieben und stocken lassen.

Pfifferlinge aus der Pfanne

einfach, Blitzrezept
4 Portionen

- 500 g möglichst große Pfifferlinge
- 2 kleine Zwiebeln
- 100 g Frühstücksspeck am Stück
- 1 Bund glatte Petersilie
- 2 EL Butter
- Salz
- frisch gemahlener schwarzer Pfeffer

Die Pfifferlinge putzen, wenn nötig, unter fließendem Wasser gründlich abbrausen, gut abtropfen lassen und mit Küchenpapier trockentupfen. Große Pilze halbieren.

Die Zwiebeln abziehen und sehr fein hacken. Den Frühstücksspeck fein würfeln.

Die Petersilie waschen, trockenschütteln, die Blättchen abzupfen und hacken.

Die Butter in einer großen Pfanne zerlassen, die Zwiebeln darin glasig dünsten. Die Speckwürfelchen dazugeben, kurz anbraten und die Pilze zufügen. Alles braten und dabei gut wenden, damit die Flüssigkeit der Pfifferlinge schnell verdampft.

Die Petersilie unterrühren und kurz mitdünsten. Das Pilzgemüse mit Salz und Pfeffer würzen.

Sofort servieren.

Nährwerte pro Portion
Kilokalorien 250, Kilojoule 1040, Eiweiß/g 4, Kohlenhydrate/g 3, Fett/g 23, Ballaststoffe/g 2,3

Rührei mit Shiitake und Frühlingszwiebeln

einfach, Blitzrezept
4 Portionen

- 250 g Shiitake-Pilze
- 2 Bund Frühlingszwiebeln
- 1 Bund glatte Petersilie
- 2 EL Butter
- Salz
- frisch gemahlener Pfeffer
- 6 Eier
- 4 EL Milch

Die Pilze mit Pinsel und Küchenpapier säubern, möglichst nicht waschen. Die Stiele abschneiden und die Hüte in breite Streifen schneiden.

Die Frühlingszwiebeln putzen, waschen und in etwa daumendicke Stücke schneiden.

Die Petersilie waschen, trockenschütteln und die Blätter fein hacken.

1 Esslöffel Butter in einer großen Pfanne zerlassen und die Pilze bei mittlerer Hitze rundherum anbraten. Die Zwiebeln zugeben, salzen und pfeffern.

In einer Schüssel die Eier mit Milch und Salz schlagen. Die Petersilie einrühren.

Die restliche Butter in die Pfanne geben und, wenn das Pilzgemüse gedünstet ist, die Eier darüber gießen. Bei starker Hitze das Gericht verrühren, die Hitze zurückschalten, die Eier stocken lassen und das Rührei mit zwei Löffeln in große Stücke reißen. Möglichst heiß servieren.

Nährwerte pro Portion
Kilokalorien 260, Kilojoule 1080, Eiweiß/g 13, Kohlenhydrate/g 13, Fett/g 16, Ballaststoffe/g 1,9

TIPP

Statt Steinpilzen kann man auch große braune Egerlinge verwenden.

Bratkartoffeln mit Steinpilzen

einfach, Blitzrezept
2 Portionen

- 600 g vorwiegend fest kochende Kartoffeln
- 2 EL Öl
- Salz
- 250 g frische Steinpilze
- 1 große Zwiebel
- 2 Knoblauchzehen
- 1 EL Butter
- frisch gemahlener weißer Pfeffer
- 1 Bund glatte Petersilie
- 1/2 TL getrockneter Thymian

Die Kartoffeln schälen, waschen und in Scheiben schneiden. Sehr große Kartoffeln längs halbieren.

Das Öl in einer schweren, weiten Pfanne erhitzen, die Kartoffeln darin rundherum anbraten und leicht salzen.

Während die Kartoffeln auf mittlerer Hitze braten, die Steinpilze putzen, möglichst nicht waschen und in dicke Scheiben oder Stücke schneiden. Die Zwiebel und die Knoblauchzehen abziehen und hacken.

Die Kartoffeln an den Pfannenrand schieben, die Butter in der Mitte schmelzen und Zwiebel und Knoblauch andünsten. Die Steinpilze zugeben, rundherum anbraten und dann mit den Kartoffeln vermischen. Leicht salzen und pfeffern.

Die Petersilie waschen, trockenschütteln, die Blättchen fein hacken und mit den Kartoffeln vermischen. Den Thymian zugeben.

Zu Bratkartoffeln mit Steinpilzen schmeckt Feldsalat. Um das Gericht etwas gehaltvoller zu machen, zuletzt etwas Rührei unterziehen und kurz in der Pfanne stocken lassen.

Nährwerte pro Portion
Kilokalorien 460, Kilojoule 1940, Eiweiß/g 9, Kohlenhydrate/g 57, Fett/g 19, Ballaststoffe/g 11,3

Grüne Spätzle mit Morchelsahne

einfach, braucht Zeit
4 Portionen

- 30 g getrocknete Morcheln
- 200 g tiefgekühlter Blattspinat
- 400 g Mehl
- 4 Eier
- 1 TL Salz
- 2 Schalotten
- 100 g Butter
- 200 g Schlagsahne
- 150 g Crème fraîche
- frisch gemahlener weißer Pfeffer
- 1 Schuss Weißwein

Die getrockneten Morcheln mindestens 30 Minuten in 1/2 l lauwarmem Wasser einweichen. Die Pilze abgießen, den Sud durch ein Tuch passieren und aufbewahren. Die Pilze grob zerteilen.

Den Blattspinat auftauen lassen und anschließend mit der Auftauflüssigkeit pürieren.

Aus Mehl, Eiern, 1 Teelöffel Salz und 150 ml lauwarmem Wasser einen dickflüssigen Teig rühren. Kräftig schlagen, bis der Teig Blasen bildet, dann den pürierten Spinat unterrühren.

Einen großen Topf mit Wasser füllen. Salz zugeben und das Wasser zum Kochen bringen. Den Teig portionsweise durch eine Spätzlepresse oder mit dem Spätzlehobel ins sprudelnde Wasser drücken. Dabei die Geräte vor dem Füllen in heißes Wasser tauchen und erst gefüllt auf den Topf setzen.

Nach 3 bis 5 Minuten die fertigen Spätzle mit einem Schaumlöffel in ein Sieb heben, unter kaltem Wasser kurz durchspülen und abtropfen lassen.

Die Schalotten abziehen und sehr fein hacken. In einer Kasserolle 40 g Butter zerlassen, die Schalotten darin glasig andünsten. Die Morcheln zufügen und unter Rühren 5 Minuten mitdünsten. Dann den Morchelsud, Schlagsahne und Crème fraîche angießen. Die Sauce bei kleiner Hitze etwas einkochen und mit Salz, Pfeffer und einem Schuss Weißwein abschmecken.

Die restliche Butter in einer tiefen Pfanne zerlassen. Die Spätzle darin schwenken und erwärmen, aber nicht anbraten.

Die Spätzle mit der Morchelsahne auf vorgewärmten Tellern anrichten.

Nährwerte pro Portion
Kilokalorien 1000, Kilojoule 4180, Eiweiß/g 23, Kohlenhydrate/g 80, Fett/g 60, Ballaststoffe/g 5,8

Als kleines Gericht mit Salat oder als Beilage zu Fleisch und Wild servieren.

Tagliatelle mit Pilzen und Walnüssen

einfach, Blitzrezept
4 Portionen

- 250 g Austernpilze
- 1 Schalotte
- 1 Knoblauchzehe
- 1 Bund glatte Petersilie
- 50 g Butter
- 1/4 l Brühe
- 200 g Schlagsahne
- Salz
- frisch gemahlener Pfeffer
- 300 g Tagliatelle
- 100 g grob gehackte Walnusskerne
- 1 EL Öl
- 75 g geriebener Parmesan

Die Austernpilze putzen, unter fließendem Wasser waschen und mit Küchenpapier trockentupfen. Pilze in ca. 1 cm breite Streifen schneiden.

Die Schalotte und die Knoblauchzehe abziehen und fein hacken. Die Petersilie waschen, trockentupfen und die Blätter fein hacken.

In einer tiefen Pfanne die Butter zerlassen und die Pilze unter Rühren so lange darin braten, bis alle Flüssigkeit verdampft ist. Schalotte, Knoblauch und Petersilie zugeben und glasig dünsten. Mit der Brühe ablöschen, die Sahne unterrühren, mit Salz und Pfeffer würzen und etwas einkochen lassen.

Die Nudeln in kochendem Salzwasser 10 bis 12 Minuten bissfest garen. Inzwischen die gehackten Walnusskerne in einer kleinen Pfanne im Öl anrösten. Nudeln abgießen, kurz abtropfen lassen und in einer vorgewärmten Schüssel mit der Pilzsauce und den gerösteten Nüssen vermischen.

Den geriebenen Parmesan getrennt dazu servieren.

Nährwerte pro Portion
Kilokalorien 700, Kilojoule 2920, Eiweiß/g 21, Kohlenhydrate/g 59, Fett/g 39, Ballaststoffe/g 4,9

Die Duxelles ist ein Pilzhaschee der klassischen französischen Küche. Sie wird als Füllung, Beilage oder Zutat in Saucen und verschiedenen Gerichten verwendet. Statt der traditionellen Champignons sollte man je nach Gericht auch mit anderen Pilzen experimentieren.

Duxelles

einfach, zum Einfrieren

- 400 g Champignons
- 3 Schalotten
- 4 EL Butter
- Salz
- frisch gemahlener weißer Pfeffer
- 1 Prise geriebene Muskatnuss
- 1 TL getrockneter Thymian

Die Champignons putzen, nur wenn nötig waschen und wieder trocknen, dann sehr fein hacken.

Die Schalotten abziehen und ebenfalls fein hacken.

2 Esslöffel Butter in einer weiten Pfanne zerlassen und die Schalotten darin glasig dünsten. Die Pilze zugeben und bei mittlerer Hitze unter Rühren braten, dabei nach und nach so viel Butter zugeben, wie die Pilze aufnehmen. Mit Salz, Pfeffer, Muskatnuss und Thymian würzen und die Pilze so lange braten, bis alle Flüssigkeit verdampft ist.

Variation

Je nach Weiterverwendung der Duxelles können 1 bis 2 Knoblauchzehen, fein gehackt, mit den Schalotten gedünstet werden. Außerdem kann etwas glatte Petersilie, fein gehackt, zugegeben werden.

Nährwerte insgesamt
Kilokalorien 500, Kilojoule 2100, Eiweiß/g 10, Kohlenhydrate/g 4, Fett/g 51, Ballaststoffe/g 7

Gefüllte Champignons

einfach
4 Portionen

- 18 große Champignonköpfe
- 1 Zwiebel
- 2 Knoblauchzehen
- 1 großer Bund glatte Petersilie
- 80 g Butter
- Salz
- frisch gemahlener schwarzer Pfeffer
- 1 TL getrockneter Thymian
- Fett für die Form
- 4 EL Crème fraîche
- etwas Brühe oder Weißwein

Die Pilze putzen und abreiben. Die Stiele herausdrehen und sehr fein würfeln. 2 Pilzköpfe ebenfalls fein würfeln.

Zwiebel und Knoblauch abziehen und fein hacken. Die Petersilie waschen und fein hacken. 2 Esslöffel Butter in einer Pfanne aufschäumen, Zwiebel und Knoblauch darin glasig dünsten. Die gehackten Pilze einrühren und unter Rühren einige Minuten braten. Dabei nach und nach so viel Butter zugeben, wie die Pilze aufnehmen. Mit Salz, Pfeffer und Kräutern würzen. Bei mittlerer Hitze so lange garen, bis alle Flüssigkeit verdampft ist.

Die Pilzköpfe mit der Mischung füllen und nebeneinander in eine gefettete Gratinform setzen. Mit der Crème fraîche bestreichen. Brühe oder Wein angießen und die Form in den vorgeheizten Backofen stellen. Bei 200 °C etwa 25 Minuten backen.

Nährwerte pro Portion
Kilokalorien 210, Kilojoule 880, Eiweiß/g 5, Kohlenhydrate/g 5, Fett/g 17, Ballaststoffe/g 5

Gebratene Maronen mit Möhren schmecken als kleine Pilzpfanne mit Weißbrot. Wenn Sie gebratene Knödelscheiben und einen Salat dazu reichen, haben Sie ein leckeres Hauptgericht.

Gebratene Maronen mit Möhren

einfach, Blitzrezept
4 Portionen

- 250 g junge Möhren
- 1 Schalotte
- 1 Bund glatte Petersilie
- 1 Hand voll Kerbel
- 1 EL Butter
- Salz
- 1 Prise Zucker
- frisch gemahlener weißer Pfeffer
- 1/8 l Brühe
- 500 g Maronenröhrlinge
- 1 große Zwiebel
- 2 EL Butter

Die Möhren schälen und in dicke Scheiben schneiden. Die Schalotte abziehen und fein hacken. Die Kräuter waschen, trockenschütteln und die Blätter fein hacken.

Die Butter in einem Topf zerlassen. Schalotten und Möhren andünsten, mit Salz, Zucker und Pfeffer würzen und die Brühe angießen. Das Möhrengemüse im geschlossenen Topf bei schwacher Hitze dünsten.

Die Maronen putzen und in nicht zu dünne Streifen schneiden. Die Zwiebel abziehen und fein hacken. Die Butter in einer großen Pfanne zerlassen und die Zwiebel darin andünsten. Die Pilze zugeben, salzen, pfeffern und bei guter Mittelhitze braten, bis die Flüssigkeit etwas verdampft ist.

Die Kräuter zu den Möhren geben und das gegarte Gemüse mit den Pilzen in der Pfanne vermischen. Abschmecken und möglichst heiß servieren.

Nährwerte pro Portion
Kilokalorien 130, Kilojoule 540, Eiweiß/g 3, Kohlenhydrate/g 4, Fett/g 11, Ballaststoffe/g 11,2

Gefüllte Morcheln mit Flusskrebsen

braucht Zeit
4 Portionen

Farce
- 200 g rohe Garnelenschwänze
- 1 Messerspitze Salz
- 1 Prise frisch gemahlener weißer Pfeffer
- 1 Eiweiß
- 120 g Schlagsahne

- 24 frische oder große getrocknete Spitzmorcheln
- Butter für den Dämpfeinsatz

Sahnesauce
- 2 Schalotten
- 150 ml Weißwein
- 150 ml Hummerfond
- 150 g Crème fraîche
- 2 Eigelb
- 1–2 EL trockener weißer Wermut (Noilly Prat)
- Salz
- frisch gemahlener weißer Pfeffer

Krebssud
- 1 EL Salz
- 1/2 EL Kümmel
- 2 Bund Dill
- 12 Flusskrebse

Die Garnelenschwänze schälen, entdarmen, in Streifen schneiden und gut kühlen. Dann leicht salzen und pfeffern. Die Garnelen mit dem Eiweiß pürieren (z. B. in der Moulinette). Die Masse kühlen, die Sahne einrühren und die Farce 30 Minuten im Kühlschrank ruhen lassen.

Inzwischen die Morcheln gründlich spülen, auf Küchenpapier abtropfen lassen und trockentupfen. Getrocknete Morcheln in lauwarmem Wasser 30 Minuten einweichen, anschließend spülen und trockentupfen.

Die Farce in einen Spritzbeutel mit kleiner Lochtülle geben und die Morcheln nicht bis zum Rand füllen.

Einen möglichst weiten Dämpfeinsatz mit Butter bestreichen, die gefüllten Morcheln darauf legen und bis zum Dämpfen in den Kühlschrank stellen.

Für die Sauce die Schalotten abziehen und fein hacken, mit Weißwein und Hummerfond im offenen Topf einkochen lassen und dabei um etwa die Hälfte reduzieren. Dann die Sauce durch ein Sieb streichen, wieder in den Topf geben und auf schwacher Hitze mit Crème fraîche und Eigelb verrühren. Mit Wermut, Salz und Pfeffer abschmecken und im Wasserbad warm halten. Die Sauce kann auch auskühlen und später im Wasserbad vorsichtig aufgewärmt werden.

Falls Sie keinen geeigneten Dämpftopf haben, können die gefüllten Morcheln auch in etwas abgeseihter Krebsbrühe oder in Hummerfond 6 bis 8 Minuten pochiert werden.

2 l Wasser mit Salz und Kümmel aufkochen. Einige schöne Dillspitzen zum Garnieren beiseite legen. Die Dillbündel waschen, verlesen und in den Sud geben.

Jeweils 3 Flusskrebse im sprudelnd kochenden Sud töten und nach 1 Minute herausheben. Die Hitze abschalten, den Sud auf 80 °C abkühlen lassen und die Krebse wieder einlegen. So können sie langsam gar ziehen.

In einem Dämpftopf wenig Wasser zum Kochen bringen, den Einsatz mit den gefüllten Morcheln hineingeben und den Topf fest verschließen. Die Pilze je nach Größe 5 bis 6 Minuten bei voller Hitze dämpfen.

Zum Servieren die Sahnesauce auf vorgewärmte Teller verteilen, die gedämpften Morcheln darauf setzen und mit etwas Sauce überziehen. Je 3 Krebse dazugeben und mit Dillspitzen garnieren.

Falls Ihre Gäste ungeübt sind, kochen Sie die Krebse im Voraus, lösen das Fleisch aus und servieren es mit den Morcheln in der Sauce.

Nährwerte pro Portion
Kilokalorien 320, Kilojoule 1340, Eiweiß/g 20, Kohlenhydrate/g 4, Fett/g 25, Ballaststoffe/g 7,9

Semmelknödel

- Knödelbrot von 7 altbackenen Semmeln (etwa 300 g)
- ca. 150 ml warme Milch
- 2 Eier
- Salz
- frisch gemahlener schwarzer Pfeffer
- 1 Messerspitze geriebene Muskatnuss
- 1 Zwiebel
- 1/2 Bund glatte Petersilie
- 1/2 TL getrockneter Majoran
- 1 EL Butter

Wenn es kein fertiges Knödelbrot gibt, 7 Semmeln vom Vortag in dünne Scheiben schneiden, mit der warmen Milch übergießen und einen Deckel oder Teller fest aufdrücken. 15 Minuten weichen lassen.

Eier, Salz, Pfeffer und Muskatnuss zugeben und einmal durchmischen.

Die Zwiebel abziehen, die Petersilie waschen und trockenschütteln. Beides fein hacken und mit dem Majoran in der Butter andünsten. Alles zum Brotteig geben, gut durchkneten und noch etwas ziehen lassen.

In einem weiten großen Topf reichlich Salzwasser zum Kochen bringen. Mit nassen Händen gleich große runde Knödel aus dem Teig formen und ins kochende Wasser gleiten lassen. Die Hitze reduzieren und die Knödel 20 Minuten garziehen lassen, sie dürfen nicht sprudelnd kochen!

Die Knödel mehrfach im Wasser drehen.

Rahmpfifferlinge

einfach, braucht Zeit
4 Portionen

- 600 g Pfifferlinge
- 1 Zwiebel
- 50 g Frühstücksspeck
- 1 Bund glatte Petersilie
- 1 EL Butter
- 100 ml Brühe
- 300 g Schlagsahne
- 100 ml Weißwein
- 1 gestrichener EL Speisestärke
- Salz
- frisch gemahlener Pfeffer

Die Pfifferlinge verlesen, kurz abbrausen, auf einem Küchentuch trocknen und putzen. Nur große Pilze zerteilen.

Die Zwiebel abziehen und fein hacken. Den Frühstücksspeck in kleine Würfel schneiden. Die Petersilie waschen, trockenschütteln und die Blätter fein hacken.

Die Butter in einem weiten Topf schmelzen und den Speck darin auslassen. Die Zwiebel zufügen und glasig andünsten. Die Pilze in den Topf geben und gut 5 Minuten braten, dabei mehrfach wenden. Die Petersilie einrühren und kurz mitdünsten.

Die Brühe und die Schlagsahne angießen und im offenen Topf 3 Minuten köcheln lassen. Den Weißwein und die Speisestärke verrühren und das Pilzgemüse damit binden. Gut durchrühren, die Sauce einmal aufwallen lassen und die Pilze mit Salz und Pfeffer abschmecken.

Die Rahmpfifferlinge mit kleinen Semmelknödeln in vorgewärmten Suppentellern anrichten.

Nährwerte pro Portion
Kilokalorien 700, Kilojoule 2930, Eiweiß/g 16, Kohlenhydrate/g 50, Fett/g 43, Ballaststoffe/g 4,3

Pilzrahmsuppe

einfach, Blitzrezept
4 Portionen

- 400 g Mischpilze aus dem Wald oder 200 g Pfifferlinge, 150 g braune Egerlinge, 50 g Shiitake-Pilze
- 1 Zwiebel
- 1 Knoblauchzehe
- 1 EL Butter
- 800 ml Brühe
- 100 ml Weißwein
- 200 g Schlagsahne
- Salz
- frisch gemahlener weißer Pfeffer
- 2 Eigelb
- 1/2 Bund glatte Petersilie
- 1/2 Bund Schnittlauch

Die Pilze verlesen, eventuell kurz abbrausen, auf Küchenpapier trocknen und putzen (die Stiele der Shiitake entfernen). Die Pilze nur grob zerteilen.

Die Zwiebel und die Knoblauchzehe abziehen und fein hacken.

Die Butter in einem weiten Topf zerlassen und Zwiebel und Knoblauch darin glasig dünsten. Die Pilze zugeben und bei guter Mittelhitze rundherum anbraten. Brühe, Weißwein und Schlagsahne angießen und die Suppe im offenen Topf gut 10 Minuten köcheln lassen. Mit Salz und Pfeffer abschmecken.

In eine Tasse etwas Suppe geben und die 2 Eigelbe damit verrühren. Die Suppe mit dem Eigelb binden, dabei gut rühren und nicht mehr aufkochen.

Die Kräuter waschen und trockenschütteln. Die Petersilienblätter fein hacken, den Schnittlauch in Röllchen schneiden und die Kräuter einrühren. Die Suppe vom Herd nehmen und zugedeckt noch 5 Minuten ziehen lassen.

Die Pilzrahmsuppe in vorgewärmten Suppentellern anrichten und nach Belieben mit halb steif geschlagener Sahne garnieren.

Nährwerte pro Portion
Kilokalorien 250, Kilojoule 1050, Eiweiß/g 5, Kohlenhydrate/g 4, Fett/g 23, Ballaststoffe/g 2,3

Besonders die Waldpilze möglichst nur mit Pinsel und Küchenpapier putzen. Wenn Pilze gewaschen werden müssen, nur kurz abbrausen und sofort wieder trocknen.

Rezeptverzeichnis